畑の向こうのヴェネツィア

仙北谷 茅戸

白水社

畑の向こうのヴェネツィア

目次

外国の遠い匂い

日本ではないところ、日本の外にある土地、海の向こうのはるか遠い国、つまり「外国」の存在を私が認識したのは、いったい何歳ぐらいのときのことだったのだろう。日本に生まれて、当然のことながら日本の言葉や文化に親しんで育っていた幼年期の私は、あるときふと、自分と同じ言葉を話さない人々がいる、という事実に気づいた。その人々は見かけも異なっていて、私が行ったことのない、どこか遠いところで、私とはぜんぜん違う暮らしをしているのだった。しかも、そこは船か飛行機に乗らなければ行けないほど、向こうにあるらしかった。するとその発見は、まだ小学校へ上がる前の、幼い私の胸をふしぎな力でかき立てた。未知のものに対してはじめて抱いた、淡いあこがれの気持ちだったかもしれない。いつかは私も外国へ行ってみたい、というひそかな願いが心の片隅に芽生えたのは、あのころのことだったように思う。

私が二歳のとき、両親は結婚後に新居を構えていた戸塚から、湘南の小さな町、大磯へ移り住んだ。東京の大学へ通勤するには少し不便でも、この町は閑静で緑が多く、史跡などもあったことが、父の気に入ったらしい。私たち親子三人は、海の近くに借家住まいをすることになった。大磯町には小さなキリスト教会があった。そこにエトリンクさんという、中年のドイツ人宣教師が伝道に来ていて、夫人とともに教会のそばに暮らしていた。昭和三十年代の終わりごろのことである。このエトリンク夫妻こそが、私が自分の目で見た、最初の生身の外国人だった。

そのころドイツ語の翻訳を手がけていた父は、エトリンク夫妻と交際し、しばしば彼らの家に足を運んでいた。それは、原書をいっしょに読む勉強会のようなものだったのだろう。母も父の横に座っていたことを思うと、仕事のあとには聖書か何かを英語で読んでいたのかもしれない。けれども、父はもちろん、カトリック系の女子大を出ていた母も信者ではなかった。そしてその後も、思想的にはまったく異なる生き方をしている。それでも今思い返すと、あのころの両親は、いわゆる西洋文明にはかなり傾倒していたような気がする。

「さあ、これからエトリンクさんのおうちへ行きますよ」

母からそう言われて、少しおめかしをし、両親に手を引かれて出かけるのは、幼心にも何となくうれしいできごとだった。遠い記憶の中のエトリンク夫妻の家は、外見はふつうの日本家屋だった。曇りガラスのはまった引き戸を開けると、玄関にはよく手入れのされた黒い皮靴がそろえてあった。ということは、ドイツ人の彼らも、靴のまま上がる習慣はやめて、日本人と同じように家の中では靴を脱いで生活していたことになる。

ところが、その、昼間なのに薄暗い玄関を上がると、そこはもはやまったく日本ではなかった。まず何がそんなに違ったかといえば、エトリンクさんの家には独特の「匂い」があった。頭をひっつめに結って、いつもきびきびと動き回っていた夫人が洗濯に使っていた、嗅ぎ慣れない洗剤の匂い。やはり夫人が木製の家具を磨くのに使用していた、「オセダポリッシュ」という名前の、琥珀色の油の匂い。それに、バターのたっぷり入った、手作りのクッキーやケーキの香り。そういった、私にとっては実にめずらしい匂いが、微妙に混ざり合って、家じゅうに漂っているのだった。あれから四十年近く経った今でも、ふしぎなくらいはっきりと思い出せる。それから私たちは、わきの白い壁が映るほど、ぴかぴかに磨かれた板敷きの廊下を通って、いつも大人たちが集う部屋に入った。明かりがあまりなかった玄関や廊下に比べて、その部屋には光が満ちあふれていた。そこに置かれた家具や調度品はほとんど、夫妻がドイツの自宅から運び込ませたものだった。

ところで、私たちはエトリンク夫妻のことを、「オンケル」「タンテ」と呼んでいた。そして私は、それがドイツ語で「おじさん」「おばさん」を意味する言葉であることを教えられた。当時三十そこそこだった、私の両親にとっても、その呼び方はごく自然だったのだろう。宣教師のオンケルがタンテと結婚していたということは、二人はカトリックではなくてプロテスタントだったということになるが、そんなことは当時の私はもちろん知るよしもなかった。オンケルとタンテが、日本ではない、どこか遠い国の人たちであることだけが、幼い私にもはっきりした事実だった。

両親が夫妻と話している間、私はしばらくはおとなしく、子どもには高すぎたにちがいない、ドイツ製のいすに腰かけていた。父は夫妻とドイツ語で話していたのだろうか、それとも、母にもわかるように、皆で英語を使っていたのだろうか。いや、もしかしたら、エトリンク夫妻が片言の日本語を混ぜていたかもしれない。いずれにしても大人の話が理解できなかったはずの、のけ者の私は、やがて退屈すると、いすから下りて家の中を探検した。それが、オンケルやタンテの許可を得てのことであったのか、それとも大人たちが話に夢中になっているすきを狙ってのことであったのかは、覚えていない。

廊下の突き当たりの寝室には、見慣れない「ベッド」というものが二つ並んでいて、真っ白なベッドカバーで覆われていた。そのベッドの上の壁に木製の十字架像がかかっているのを、私は何度かの探検で知っていた。けれども、怖くてたまらなかったから、いつも開け放してあったドアのところで立ち止まった。キリストの手足にはくぎが打ち込まれ、黒ずんだ血が流れ出していた。それを見ると、私は自分の小さな手や足にも痛みが走るような気がして、思わずこぶしを握りしめた。それでも、苦悩に満ちたキリストの顔を凝視せずにはいられなかった。

あるとき、廊下にいた私は、戸棚の中にいいものを見つけてしまった。それは、きれいな絵のついた、直径二十五センチぐらいの円い缶だった。その中に、当時はめずらしかった、色とりどりの透ける紙に包まれたキャンデーが入っていることが、私にはよくわかっていた。大人たちの仕事が終わってお茶の時間になると、タンテが時々、どこからともなくその缶をもって現われ、ふたを開けて私に差し出したからである。タンテの手作りの、そのキャンデーは長四角で薄茶色をしており、舌の上にのせたとたん、中に刻んで混ぜてあった「アーモンド」という木の実の、何ともいえない香りが、バターの風味とともに口いっぱいに広がるのだった。

今、そのキャンデーの缶が、タンテの手を離れて私の前にある。戸棚の上のほうにはガラス戸がついていたが、缶はその下の、戸のない段においてある。その段はちょうど私の背丈ぐらいの高さしかない。爪先立ちになって手を伸ばせば、きっと届くはずだ。

「よそのおうちのものを勝手に触ってはいけませんよ」

日ごろの母の言葉がぐるぐると頭をよぎり、心臓のドキドキいう音が耳元でこだまする。次の瞬間、私の手は缶をつかんでいた。そして、今でもありありと目に浮かぶのは、まるで夏の夜の花火のように、そのキャンデーの数々が、バラバラとすさまじい音を立てて床に散らばっていく光景だ。私は缶のふただけを手にもったまま、呆然と立ちつくした。さっと部屋の戸が開いて、まずタンテが、それから母が現われた。その後、きびしいおしかりを受けたのか、それとも案外簡単に許してもらったのかは、どんなに記憶の糸をたぐり寄せても思い出せない。静かな家の中に突然響きわたった、あのキャンデーの落ちる音だけが、今も時折り、甘ずっぱい自責の念とともに、私の耳によみがえる。

いずれにしても、オンケルとタンテの家には、ふつうの日本の家とは明らかに違う、おごそかで重々しい雰囲気が立ちこめていた。あのキャンデー事件のあと、その印象は私の中でますます強くなっていった。けれども、それを私が「ドイツ的」と感じるようになったのは、もちろんずっとあとのことだし、この月並みな見方があまり当たっているとも思えない。それでも、いまだにドイツという国やドイツ人に対して、「厳正」というイメージを私が捨てきれないのは、あのころの記憶のせいらしい。

こうして、私にとって最初の「日本ではないところ」はドイツであり、とりわけ、エトリンク夫妻の故郷の「ハイデルベルク」という町だった。ハイデルベルク、その美しい響きの町の名前を、幼年時代の私は何度耳にしたことだろう。

「オンケルとタンテが住んでいらしたハイデルベルクにはね、大きな川が流れていて、お城もあるんですって。それはすてきな町なんですって。いつか行ってみたいわね」

母はよく私にそう言った。けれども、ヨーロッパの城がどんなものであるかなど、知るすべもなかった私は、ハイデルベルクの町並みを、夫妻がプレゼントしてくれた、子ども向きの『聖書物語』の挿絵で見た風景と重ねて想像していた。それは、もしかしたらエルサレムの町の絵だったかもしれない。きっとハイデルベルクの写真も見せてもらったはずなのに、『聖書物語』とエトリンクさんを、私はかなり大きくなるまで切り離せなかった。

思えば、オレンジ色のボール紙のケースに入った、数巻からなる『聖書物語』は、大好きだった『アンデルセン童話集』と並んで、私がはじめて母に読んでもらった「絵本ではない本」だった。小学校に上がってからは、一人でもくり返し読んだ。「ノアの方舟」「ゴルゴタの丘」「裏切り者のユダ」などという、まるで聞き慣れない言葉が、どぎつい色合いの写実的な挿絵を背景に、幼い私の頭に刻み込まれていった。とりわけ私が気に入っていたのは、かなりグロテスクな「魚に飲まれたヨナ」の話だった。

父は英文学を研究していたが、ドイツ語にも通じており、ゲーテやトーマス・マンなど、ドイツ文学もよく読んでいたようだ。子どものころ、私はお風呂に入ったら、上がる前にはかならず、しっかり肩までお湯に浸かって、十数えることになっていた。父にドイツ語で十までの数え方を教えてもらった私は、「アインス、ツヴァイ、ドライ……」と唱え、「ツェーン」でいつも元気よく湯船を飛び出した。また、私が小学二年生のときに犬を飼うことになり、千葉に住む父の弟が、どこからか子犬を連れてきてくれた。スピッツやコッカスパニエルの血の入った雑種で、毛が白くてふさふさした、かわいい犬だった。ちょうど三月のことだったので、父はこの犬を「メルツ」と名づけた。私はドイツ語では三月をメルツというのだと知り、子ども心にもいい名前だなと思った。

それからもう少し大きくなってから愛読したのは、やはり父が買ってくれたはずの、ケストナーの『点子ちゃんとアントン』だった。歯の抜けそうな点子ちゃんが、ぐらぐらの歯とドアのノブを糸で結びつけ、アントンにドアをバタンと閉めてもらう、というくだりが、とても愉快で印象的だった。ちょうど私も歯が抜け変わる時期だったから、点子ちゃんの真似をしてみようかと考えたが、やはり勇気がなかった。中学生のころはヘッセに夢中になった。学校の図書室で借りて読んだハイネの詩集にも、深い感銘を受けた。つまりドイツは、私にとって最初の外国であったばかりでなく、かなり長い間、いちばん親近感のもてる国であり、いつかは訪れてみたい国でもあった。

オンケルが宣教師としての任期を終えて、エトリンク夫妻はハイデルベルクへ帰ることになった。私はもう小学校に上がっていた。夫妻はそれまで使っていた身の回り品の大部分を、大磯に残していくことにした。食器やリネン類は教会のバザーで、たやすく買い手がついた。けれども、円い木のテーブルと、二つのベッドのうちの一つは、私の両親が引き取ることになった。もう一つのベッドがどこへ片づいたのかは知らない。

テーブルは、同じ大磯町の中の、今度は線路をはさんで山側に引っ越したばかりの私たちの家の食堂兼居間に、まるでずっと前からそこに居場所が決まっていたように、すんなりとおさまった。上に黒い合板のついた、当時にしてはなかなかしゃれたテーブルだった。ベッドは私のものになり、私は家族でただ一人、ベッドで寝ることになった。ドイツ製のマットレスはばねが固すぎて、その上に敷布団を重ねなければならなかったが、広々としていて寝心地はよかった。

母はタンテのオーヴンを譲ってもらった。そのオーヴンを使って、ずっとあとになってからも、母はしばしばタンテに作り方を習ったケーキを焼いた。私はよくそれを見物したが、いちばんおもしろいのは、卵の白身を泡立てるところだった。母が泡立て器をボウルの中で休みなく動かすと、シャカシャカと小気味よい音が台所じゅうに響いた。この「ケーキがちゃんと膨らむための大事な作業」を、私がやらせてもらえるようになったのは、小学校も高学年になってからのことだった。ケーキはドーナツ型のスポンジケーキで、外側はきつね色に焼けていたが、中はしっとりと黄色くて、ふんわり甘かった。焼き上がってよく冷めてから、仕上げに茶こしで粉砂糖を振りかけるのは、いつも私の役目だった。ハイデルベルクから毎年届いたクリスマスカードの雪景色を思いながら、私はケーキを白く飾った。

「タンテはね、無塩バターを使うように言っていたけれど、日本じゃなかなか手に入らないのよ。日本のバターはかならず塩が入っているんだから」

母はそうこぼしていたが、ケーキはたしかにタンテの味がした。

タンテが教えてくれたお菓子に、「リンゴパイ」というのもあった。それは、小麦粉と卵と牛乳を混ぜて、ちょうど「の」の字が書けるぐらいなめらかになったら、フライパンに伸ばし、上からリンゴの薄切りをぐるりと敷き詰めて焼く、というだけの、簡単なお菓子だったが、ドイツの典型的な手作りのおやつらしかった。これに上から薄く切ったバターをのせ、砂糖とシナモンを振りかけて、ナイフとフォークで食べることになっていた。私たちのナイフとフォークももちろん、エトリンク夫妻が毎日使っていたものだった。あの数組のナイフとフォークは、たぶん今も大磯の実家の台所の引き出しに眠っているはずだ。日ごろ箸を使い慣れた私たちの手にはずっしりと重く、舌先に当たる銀色のフォークは、リンゴパイの温かさとは対照的な冷たさをもっていた。リンゴパイには紅茶がよく合った。あのころ家にあった、青い絵のついた白い瀬戸物のティーポットは、たしかその後割れてしまって、もうない。紅茶が冷めないように、タンテにならって母も、ティーポットにキルト地の三角帽子をかぶせたりしていた。

エトリンク夫妻が私にくれた品々の中に、もしどこかに売っているのなら、ぜひもう一度手に入れてみたいと思っているものがある。それは、ちょうど両手に乗るぐらいの大きさの、おもちゃの木の家だ。赤い屋根の下に、アーチ型の出入り口が左右に二つあった。そこから、天気のいい日には花束をもった女の人形が、雨降りの日には青い帽子の男の人形が、家の外に出てくるしかけになっていた。曇りの日には人形は二人とも家の中にいた。そのおもちゃは、私のものになる前はエトリンクさんの家の大人たちが集う部屋に飾ってあった。私はいつも部屋に入るなり、人形の位置を確かめたが、きまってその日の天気をぴたりと示していて、幼い私の目を丸くさせた。私にとって、何でもお見通しの神様のような、その二人の人形は、まさしくオンケルとタンテなのだった。こんな大事なおもちゃを、私はいつの間にかなくしてしまったらしい。もちろんオンケルかタンテが天気に合わせて人形を動かしていたのだろう。私が来ることになっていた日は、念入りに出し入れしたにちがいない。

思い返してみると、西洋の書物に親しみ、西洋の音楽や美術に惹かれていた父は、同時代の西洋の人々の実生活に即した、具体的で瑣末な文化にはあまり関心がなかった。その証拠に、父は当時も今も家では和服で通し、もっぱら和食党である。洋風の文化に興味を示し、それを多少なりとも取り入れたがっていたのは、むしろ母のほうだった。そんな父に勧められて私が読むようになった本の中の、遠い国の情景には、自分で思い描いたり、挿絵が伝えてくれたりする色や形はあっても、匂いや味や手触りまではなかった。だから、少女になるまでの私の中では、エトリンクさんとの出会いとその思い出だけが、日本の日常から外国へ向けて開かれた、たしかな窓だったのだ。

こんなふうにドイツに慕情を抱いて育ちながら、私が生まれてはじめて踏んだ外国の土は、ドイツではなくてイタリアの土だった。私が十五歳のとき、勤めていた大学から一年間の休暇をもらった父が、家族連れでイタリアとイギリスへ留学したからだった。けれども、そのときの私たちはドイツまでは足を伸ばさなかった。帰国後、日本でふつうに進学した私は、ドイツに未練を残しながらも、そのころ好きだったフランス文学を学びたくて、仏文学科を選んだ。大学卒業後、しばらくしてからイタリアへ留学し、そのままイタリアで暮らすようになった。イタリアからアルプスの向こうのドイツへ出かけたことは何度かあったが、ハイデルベルクを実際に自分の目で見る機会はなかなか訪れなかった。日本からと比べたらずっと近いところにいながら、あんなに幼年時代に何度も話を聞かされた町を、私はすっかり心の片隅に追いやってしまっていた。行こうと思えばいつでも行ける、と頭のどこかで考えていたのかもしれない。そして、もうとっくに亡くなっていたエトリンク夫妻のことも、私は忘れかけていた。

ところが、一九九九年の四月、とうとうハイデルベルクに行くことになった。ヴェネツィア大学で中国近現代史を専攻する夫が、以前から交流のあったハイデルベルク大学の中国研究所の招待を受けて、一か月ほどハイデルベルクに滞在することになったのだ。大学のゲストハウスを格安で貸してもらえることもあり、夫はこの機会を利用して、家族でドイツを旅行しよう、と提案した。この年は復活祭が四月の終わりにあたり、私の仕事も子どもたちの小学校や幼稚園も休みになって、ちょうど都合がよかった。夫は十日あまりの復活祭の休暇を私たちと過ごしたあと、もう一度ハイデルベルクに戻って、仕事をすることになった。こうして私たちは、雲一つなくよく晴れた、四月末にしては暑いくらいの復活祭の前々日、ハイデルベルクへ向けて車で出発したのだった。

　とうとう自分で目にする、まぶしい新緑に包まれたハイデルベルクの町は、想像していた以上に美しかった。町をゆったりと流れるネッカー川と、そこにかかる「古い橋《アルテ・ブリュッケ》」や、旧市街の背後の森にそびえ立つ古城の眺めは、絵葉書どおりではあったが、なぜかアルノ川のあるフィレンツェを連想させた。私がそれまでに訪れていた、ほかのドイツの町々の重厚さやいかめしさよりもむしろ、もっと身近な、イタリア的な甘美さや明るさが、この町には感じられて、何だかほっとした。私たちの住むヴェネツィア近郊からずいぶん北上してきたというのに、相変わらず日差しが強く、少し歩くと汗ばむほどだった。りっぱな観光船が行き来するネッカー河の青緑色のさざ波が、明るく澄みわたった空の下で春の陽光を受けて、きらきらと楽しそうに踊っていた。

私たちが泊まった大学のゲストハウスは、医学部のキャンパスの中にあった。この学部の敷地は町の北西に位置し、何度か迷ってしまったほど広大だった。そしてゲストハウスは、ハイデルベルクの誇る、ドイツ最古の大学施設とは思えない、きわめて近代的な造りの白い建物だった。私たちに用意されたアパートメントは、薄いグレーの階段を四階まで上がり、建物の外部につけられた通路を進むと、その右手にあった。ドアを開けると、もうそこがすぐダイニングキッチンになっていて、そのほかにリビングと寝室があった。テーブルの上には、私たちが子ども連れと知っての心遣いか、チョコレートのイースターバニーが二匹、ちょこんと座っていた。七歳の娘と三歳の息子はわあっと歓声をあげて、その金紙に包まれたウサギに飛びついた。アパートメントには台所用具やタオルやシーツが一式そろっており、不自由なく生活できるようになっていた。

ゲストハウスの周りには、パン屋やカフェ、それに医学書ばかりを店先に並べた本屋などがあった。私たちが到着したのは復活祭の休暇の真っ最中だったから、学生もスタッフもいなくて、キャンパスは閑散としていた。空っぽの無機的な研究棟や実験棟ばかりが、忘れられたようにひっそりと林立していた。荷物をアパートメントに運び込み、車を駐車場に置いてしまうと、私たちはキャンパス内を通るバスに乗って、あちこちへ出かけた。ゲストハウスから二つめの停留所に象のいる動物園があって、子どもたちは大喜びだった。動物園の入り口には、フジの花がみごとに咲き乱れていた。記念に写真でも、と私は夫にカメラを渡し、薄紫の花房が降るように垂れるつる棚の下に、子どもたちと並んで立った。すると、三人の顔が急に華やぎ、私たちは思わず顔を見合わせて笑った。

落ち着いた家並みの続く旧市街には、ケーブルカーの発着駅があった。私たちはそこからハイデルベルク城へ上ってみた。代々の城主が生きた時代を反映して、宮殿の建築様式にもゴシックからルネサンスの要素が共存していた。地下には世界最大という、小山のようなワイン樽があった。宮殿内をひととおり見物してしまうと、私たちは外に出て、城壁に囲まれた高台に立った。すると、ハイデルベルクの町が手に取るように見下ろせた。これが、私の「外国原体験」とでもいうべき町の全貌だった。幼少の私がひそかにあこがれた町、ハイデルベルク。本当に長い間、ずっと胸の中で温めてきたものにやっと出会えた喜びと、それを実際に見たことで、童心の夢を壊してしまったような無念さとが、私の心の中で交錯した。

町を二分するネッカー川の向こう岸には、もう夕闇が忍び寄っていた。旧市街の家々はまだ夕日に照らされて、屋根のれんがを赤く光らせていたが、町を囲む丘の木々があたりに黒い影を落とし始めていた。紫色にかすんでいく夕暮れのハイデルベルクを、私はいつまでも眺めていたかった。

「ねえ、お母さん。あれが私たちが泊まっているところでしょう？　ほら、あの白い建物」

眼下の景色の中に私たちの宿舎を見つけ出した娘の、得意げな声で、私は我に帰った。四十年の年月を心の奥でかみしめながら、私は家族とともに城をあとにし、私たちと同じような観光客で満員のケーブルカーで町へ下りた。

結局、ハイデルベルク滞在中に私は、オンケルとタンテの住んでいた家も探さなければ、お墓も訪ねてみなかった。前もって日本の両親に尋ねておけばよかった、と少し後悔した。そして、幼い私がたしかに嗅ぎ取った、あの「外国の匂い」にも、ついに巡り会えなかった。

ノアーレの四季

朝七時。アヴェ・マリアのミサを知らせる鐘が、町の中心街《チェントロ》で低く鳴り出す。それを私はたいてい寝床の中で聞きながら、そろそろ起きなくては、とまだ少しぼんやりした頭で考える。鐘の音といっしょに、近所の農家からニワトリの鳴き声も聞こえてくる。中心街まで、わが家から歩いて十分である。そこに赤れんが造りの塔が二つ、およそ三百メートルの距離を隔ててそびえ立っている。これらの塔は中世には要塞の一部だったが、のちにそれぞれ鐘楼と時計台に造り替えられたそうである。教会に付属する鐘楼の鐘は、ミサや慶弔の儀式や宗教行事のたびに鳴らされる。一方、町の管理下にある時計台の鐘は、十三世紀の昔から、人々の日常生活の時を刻むのに使われてきた。かつては食事の時間や城門が閉鎖される時間を告げた鐘が、今は朝八時には中学校の、八時半には小学校の始業を知らせるために鳴らされる。正午にはきっちり三十三回、高らかに鳴り響くが、これはキリストが三十三歳で十字架にかけられたことを思い起こすためだという。

私が暮らす町、《ノアーレ》の古名はラテン語で「ノヴァリス」といい、「新しい用地」の意である。紀元千年を過ぎたころ、この町は興《おこ》った。小さな田舎町にすぎなかったから、もっと勢力の強かった近隣の町々の支配を代わる代わる受けた。それでも、《テンペスタ》という名の領主一族を中心に、軍事面でも商業面でもなかなか重要な役割を果たしてきたらしい。ヴェネト州の少しくわしい地図を見れば、その理由がわかる。千年も続いた共和国《ラ・セレニッシマ》の歴史を誇る、アドリア海に面したヴェネツィアと、本土《テッラ・フェルマ》側の二つの主要都市、パドヴァとトレヴィーゾの三点を結んでみると、三辺が三十キロから四十キロの長さの三角形ができあがる。今の行政区分では「ヴェネツィア県《プロヴィンチャ》」に入るノアーレは、この三角形の一辺、それもパドヴァとトレヴィーゾをつなぐ辺の、ちょうど真ん中に位置しているのだ。

　現在では、ヴェネツィアと山麓地帯の都市、トレントを結ぶ鉄道がノアーレを通っているから、ヴェネツィアへの通勤には、私も夫も、三十キロ足らずの道のりをゆっくり四十分もかけて走る、あまり便のよくない電車を利用している。町の北側に位置する駅舎は、ふつうの家と見まごう、二階建ての小さな建物である。ドアを押し開けると、すぐ切符売り場と待合室があり、乗務員室や駅長室がガラス戸の向こうに続いている。二階はアパートになっていて、駅員の一家だろうか、人が暮らしている。駅のホームから、テラスに干した洗濯物も見える。そんなちっぽけな駅でも、構内だけは複線になっているから、ノアーレは上り電車と下り電車がすれ違うことができる、この路線上の数少ない駅の一つである。ノアーレの先の大きな町といえば、ルネサンスの画家、ジョルジョーネを生んだカステルフランコや、食後酒のグラッパの名産地、バッサーノ・デル・グラッパである。けれども、ノアーレからパドヴァやトレヴィーゾ方面へは、ノアーレの形容詞形で《ノアレーゼ》と呼ばれる古い国道を、車やバスで行くのがふつうだ。

このノアレーゼが、ヴェネツィア方面からの県道とちょうど十文字に交わる町の中心部には、テンペスタ家が十三世紀から十四世紀にかけてノアーレを要塞化した跡が色濃く残っている。とりわけ、《ロッカ》と呼ばれる、テンペスタ家の住居であった城の中核は、失われてしまった部分も多いが、近年の修復のおかげで、不等辺多角形の高い外壁がかなり原型を取り戻しており、じゅうぶんに昔をしのぶことができる。頑丈な鉄門を押して、ロッカの内部に足を踏み入れると、崩れ落ちずに残った三本の望楼や、りっぱな天守の断面が、何百年もの風雪や大砲の弾にも耐えた、不ぞろいなれんがの地肌を外気にさらしている。時がそこだけ止まってしまったような、この非現実的な眺めが、漠とした荒々しさを感じさせるのは、《テンペスタ》が「嵐」を意味するせいだろうか。それとも、傲慢で庶民にあまり支持されなかったという、十四世紀末に途絶えたテンペスタ家の家風が、嵐のように不穏ではげしいものだったせいだろうか。

私がノアーレに住み始めたころは、町の墓地の一部がまだロッカの中にあった。十四世紀半ばにノアーレを統治下に置いたヴェネツィア共和国は、ロッカを自国の都市長官《レットーレ》たちの官邸に定め、天守の一角を会議場として使用したという。ところが、ヴェネツィア共和国の衰退とともに、この建造物はいつの間にか見捨てられてしまった。当時の人々は、ここかられんがや石材や木材を運び出しては、橋などの補強工事に使ったらしい。そして十九世紀の初めごろからは、すっかり廃墟と化した内部が、町の共同墓地として使われるようになっていた。ある日、はじめてロッカを訪れた私は、赤れんがの外壁に囲まれて白い墓石がずらりと並ぶ、いささか異様な光景を目にして、はっと息を飲んだ。壁のくぼみに身を隠したハトたちの、「クークー」という鳴き声を子守歌に、この町の古《いにしえ》の死者たちはこんなところで眠り続けているのだった。その後、これらの古いお墓はすべて、中心街からもさほど遠くない、もっと広くて近代的な墓地へ移された。そしてロッカは、数年前から夏の野外劇場として生まれ変わり、星空の下で映画が上映されたり、コンサートが開かれたりするようになった。

ロッカ周辺は、もちろん車の乗り入れが禁止されており、町の人々の、ちょっとした憩いの場である。買い物帰りの若い母親が、乳母車を押しながら、木洩れ日の中を通り過ぎていく。品のよい身なりの、年配の未亡人が、赤いリボンをつけた飼い犬を散歩させに来るのは、それが彼女の日課にちがいない。青草の生い茂る土手を走り回る子どももいれば、城を取り囲むお堀のカモやハクチョウに、パンをちぎっては投げてやる子どももいる。あちこちに石のベンチの置かれた散歩道を、わがもの顔で行き来する若者たち。そして、お堀に釣り糸をたらし、魚のかかるのを辛抱強く待ち続ける老人たち。

ロッカをあとにし、お堀にかけられた橋を渡ってまっすぐ歩くと、カステッロ広場に出る。《カステッロ》とは「城」のことで、今は駐車場になっているこの広場は、下に城門の残る二つの塔、つまり鐘楼と時計台の間に位置している。左手には、十五世紀末に建造された町の大聖堂《カッテドラーレ》があり、ヴェネツィア派の画家たちの作品が何点か見られる。しかし、この教会のいちばんの自慢は、正面入り口の上方に威容を見せるパイプオルガンである。毎年三月には、国内外の優秀なオルガン奏者たちが招かれ、イタリアでも指折りの名器だという、このオルガンの演奏を聴くことができる。

時計台の下の城門をくぐって、城の外堀を越え、ノアレーゼの信号を渡ると、町のもう一つの広場がある。この広場は「九月二十日《ヴェンティ・セッテンブレ》」広場と呼ばれ、カステッロ広場とともに、昔ながらの小売店やバールの立ち並ぶ商店街を形成している。大きなスーパーマーケットは、ここからさらに町の外へ出ないとない。毎週木曜日の午前中には、これらの二つの広場一帯に青空市が開かれるので、ノアレーゼを除いて車は通行止めになる。遠い昔の一四八三年から続いているという、この市場《メルカート》では、食料品や衣料品、日用雑貨はもちろん、干草からペットまで何でも売っている。とても重宝だが、ただぶらぶらと見て歩くだけでも楽しい。私もノアーレに来たばかりのころは、木曜日というとかならず出かけたものだ。できたてのローストチキンを売る屋台の前などは、どんなに長い行列ができていても、なかなか素通りしがたい。

カステッロ広場やヴェンティ・セッテンブレ広場に面した建物は、ほとんどがルネサンス期のものである。たいていは商店として使用されている一階は、アーケード《ポルティカート》になっていて、二階から上に人々が住んでいる。この一連の建物を広場の側から眺めると、まず地面からそのまま、ひと棟につき二つか三つの割合で、アーチ状の開口部がぽっかりと口を開けている。アーケードの下に入れば、雨や風に当たらずに歩くことができるし、夏はひんやりと涼しい。その上に、きまって緑か茶色に塗られたよろい戸のある窓が並んでいる。中には、りっぱなバルコニーのついた建物もある。たいてい三階建てで、屋根はどの建物も赤れんがの瓦ぶきだ。そして、昔はこれらの建物の正面部が、ヴェネツィア派の流れを汲む画家たちの手による、色とりどりのフレスコ画で飾られていたというから、きっと目が覚めるような、美しい町並みだったにちがいない。今では残念ながら、ところどころにわずかな断片が認められるだけだ。

先祖代々ノアーレ出身である、友人のマリーナの話では、彼女が子どものころはフレスコ画もまだ少し残っており、今では年老いた両親が二人だけで余生を過ごす実家の壁に、きれいな花の模様が描かれていたのを覚えているという。その家とは、父親が働いていた肉屋の二階である。やはりノアーレ育ちのリッカルドと結婚したマリーナは、三児の母となり、今はヴェンティ・セッテンブレ広場のもう少し先に住んでいる。

時々さらりと、「私はノアーレの広場で生まれたようなものだから、町の外には絶対住めないわ」などと口にしたりするけれども、それは決して誇張ではないのだ。カステッロ広場の真向かいにある、マリーナの生家は国の文化財に指定されていて、「ボルゲザン家　十五世紀建造」と書かれた、小さな白いタイルが、玄関のそばの壁についている。

なお、現在のノアーレは人口が一万五千人あまり、ロッカを中心に半径二キロの円を描いたら、その中にすっぽり入ってしまうくらいの、本当に小ぢんまりとした田舎町である。町を東から西へ流れるマルゼネーゴ川やその何本かの支流が、四季を通じて周辺の畑をうるおしている。オートバイの生産ではイタリアを代表する大手企業、《アプリリア》がこの町に本社を構えていることが、少しもそぐわない。


わが家のある《ヴィア・チェルヴァ》こと「牝鹿《めじか》通り」は、本当は通行を禁止されたはずの大型トラックも平然と行き来する、かなり幅の広い道である。今となっては想像もできないが、中世のころ、この近辺はうっそうとした森だったらしい。それでこんな楽しい名前がついたのだろう。ロッカのお堀の南側に沿って始まり、ノアーレの西へ向かう県道に通じる地点で終わるまで、二キロ半はあるだろうか、この町の住宅街を通る道としてはめずらしく長い。私たちの家はさいわい、番地は牝鹿通りにあっても、実は通りから百メートルほど引っ込んだところに建っているので、とても静かで助かっている。

この家で暮らし始めたのは、娘の安奈が幼稚園に上がる年の九月のことだった。息子のダリオはここで生まれた。それまで住んでいた家は、やはりノアーレの住宅街にあり、町の中心街や駅からもより近くて便利ではあったが、もともと夫が一人暮らし用に買ったアパートだった。ヴェネツィア大学を卒業し、母校で教鞭をとることになった夫は、私と知り合う少し前に、学生時代から長年住み慣れたヴェネツィアの島を出て、本土に移っていた。ノアーレを選んだのは、車では入れないヴェネツィアへの通勤にバスより電車を使いたくて、鉄道の駅のある町を探していたら、たまたまこの町に適当な物件が見つかったからである。食堂を兼ねた台所と居間と寝室、それに書斎、という間取りの家で独身生活を満喫していた、当時三十九歳の夫に、私という家族が増えたことが、すでにかなり予定外のできごとだった。だから、安奈が生まれてからそのアパートは本当に手狭になってしまい、私たちはもっと広い家に移ることにしたのだった。

町の不動産屋の、きびきびとした若い女性といっしょに、はじめてこの家を見に来たとき、建物はまだ完全にはできあがっていなかった。それぞれ独立した玄関をもつ四世帯が長屋式に横に並んだかたちの、いわゆる集合住宅の中の一軒で、日本ではこういう家を「テラスハウス」

とか「メゾネット」というのだ、と前にだれかが教えてくれた。家の前には小さな庭もついているし、三階建てで広さがじゅうぶんにあり、最上階のテラスから東側に町の塔が臨めるのもうれしかった。けれども、私をすぐさまこの家に決める気にさせたのは、実は何よりも裏手の景色だった。南側のガレージから建物の裏に出てみると、予期せずして視界が百八十度に開けたのだ。背の高い木々がところどころに植えられた畑が一面に広がり、そのはるか先に、ノアーレの三つの付属村落《フラツィオーネ》のうちの一つ、ブリアーナの村の、鉛筆のようにとがった鐘楼と数軒の民家が見えた。そして、視界の上半分、つまり地平線から上には見渡すかぎりの大空があった。その景色は、やはり南側にある一階の台所、二階の私たちの寝室、そして早々と私が使うことに決めた三階の書斎の窓からも同じように眺めることができた。天と地の境を、毎日こんなにはっきり見ながら暮らしたらすてきだろうな、と私は心を踊らせたのだった。

延々と続く裏の農地の所有者は近くに住んでいて、農作業の繁忙期にだけ人を雇うこと、将来も畑を手放す気などはまったくなくて、もしここが開発されてしまったら、という私たちの心配には及ばないこと、それから畑では毎年たいていトウモロコシが栽培されることなどが、ここに暮らすうちにわかってきた。自家用車の通り道でもある建物の裏側と、この畑との境界には一メートル半ほどの高さの金網があり、子どもたちが遊んでいてボールなどをうっかり畑のほうに落としてしまうと、これを乗り越えて拾いに行かなければならない。この金網と、畑の作物のいちばん最後の列との間に横たわる、ウナギの寝床のように細長い土地を借り受けて、牝鹿通りの横町に住むパスクワリーノが、私たちがここに住み始めてまもなく、菜園を始めた。彼はノアーレの中心街にある洋品店で、門番の仕事を勤め上げたのだが、年金生活に入ってからも、毎日何かしていないと落ち着かないらしい。このあたりの方言しか話せない、気のいい老人で、そのまめな働きぶりにはいつも感心させられる。朝、私が南側のよろい戸を開けるころには、彼はもう水やりや草引きや土ならしなど、ひと仕事もふた仕事も済ませてしまっており、汗をぬぐいながら私のあいさつに答える。子どもたちの落とすボールも、彼が拾ってこちらにほうってくれるようになった。そして、時々採れたてを分けてくれるパスクワリーノの野菜は土だらけだけれども、本当においしい。いつか子育てが一段落したら、庭で野菜作りをするのが私のひそかな願いなのだが、そのときはぜひ彼にいろいろ教えてもらうことにしよう。

四軒でひとつながりになった、新築の建物の東の端に、私たちがいちばん最初に入り、しばらくは隣人のいない生活だったが、やがて残りの三軒にも次々に人が住み始めた。とりわけ、やはり同じノアーレの中から西側の端に引っ越してきた家族とは、じきに親しく付き合うようになった。製薬会社に勤める、ミラノ出身のベッペと、ノアーレ近郊で育ったジョヴァンナの夫婦に、三人の息子たち、という家族構成の一家だ。ベッペが大学では昆虫学を専攻して、ブドウにつく害虫の研究をし、ワインについて卒業論文を書いたことを知った私と夫は、彼に大いに興味をもった。一方、飾らない性格のジョヴァンナは、私が仕事でどうしても帰宅が遅くなってしまうとき、臨時のベビーシッターまで買って出てくれた。

三人の息子たちのうち、いちばん上の青年、ファビオは、実はジョヴァンナが十六歳のときに産んだ連れ子で、ベッペと結婚してから下のマッテオとジョヴァンニが生まれたのだった。イタリアでは、子どもはかならず父親の苗字を受け継ぐが、妻は結婚しても夫の姓を名乗らず、もとの姓のままである。だから、彼らの郵便受けには三つの苗字が記されている。ベッペがミラノからヴェネト州の小さな田舎町へ移って家庭をもつ、と言い出したときは、彼の両親の猛反対に遭ったけれども、今はミラノの親戚とも何とかうまくやっている。十六歳で赤ん坊の面倒を見なければならなくなって、高校を終えられなかったのが心残りだ。そんなこともジョヴァンナは、青い瞳をくりくりさせながら、何の屈託もなく私に話してくれた。ファビオはベッペのことを、決して「お父さん《パパ》」とは言わずに名前で呼ぶ。ここに引っ越してきてからも何度かぐれて、ジョヴァンナの悩みの種だったが、最近は定職も見つかり、少し落ち着いてきた。そして、このファビオの種違いの弟たちは、マッテオが安奈と同い年、ジョヴァンニがダリオより一つ年上で、二人はたちまち安奈とダリオの楽しい遊び仲間になった。

ジョヴァンナは、ふだん地元の人と話すとき、方言を使う。家の中でも、成人したファビオや、もうノアーレでの生活の長くなったベッペとは、ほとんど方言で済ませている。ベッペのほうは、ミラノ独特の、おっとりした抑揚のしゃべり方を捨てていないから、この夫婦の会話は何だかちぐはぐで、聞いているととても楽しい。まだ小学生のマッテオとジョヴァンニには、まずはイタリア語をきちんと習得させなくては、という心遣いから、できるだけ標準語で接するようにしているようだが、二人が言うことを聞かないときなど、かっとするとつい方言が出てしまう。しかし、同じ北イタリアとはいってもピエモンテ州出身の夫と、日本人の妻、という、いささか異例な組み合わせの私たち夫婦に対しては、ジョヴァンナは決して方言は使わない。どんなに小さなことでも、きちんと標準語で話す。パスクワリーノのように、標準語が話せない人々は別として、これは何も彼女にかぎったことではない。私たちはここでは、いい意味でも悪い意味でも、一種の「よそ者」扱いを受けているのだ。さいわい、というよりも必然的に、ノアーレで私たちが付き合うことになった人々は、ジョヴァンナの一家を含めて、未知のものや新しいものへの好奇心をもつ、視野の広いイタリア人が多い。だから、この町の住み心地は決して悪くない。

春

三月は「気違い三月《マルツォ・パッツォ》」などといって、天候が不順な月である。一つの状況が最終段階に入って思わぬ展開を見せるとき、イタリア語には《コルポ・ディ・コーダ》という、たいへん興味深い言い回しがある。《コルポ》は「打撃、不意のできごと」を、《コーダ》は「動物のしっぽ、ものの末端」を意味するから、しいて日本語に訳せば、「最後部の急襲」とでもいうことになるのだが、私はこの表現こそイタリアの三月にぴったりだと思う。はげしいお天気雨が降ったり、春一番が一日じゅう吹き荒れたり、急に信じられないほど暖かくなって重いコートを脱ぎ捨てた、その翌日は畑に霜が下りたりすると、長いしっぽをつけた「冬」が、あと少しで「春」に追い出されるところで、懸命にしっぽを振り回して抵抗しているのが目に見えるような気がしてしまうのだ。

　秋に刈り取られたトウモロコシの、短い白茶けた茎がみすぼらしく列をなす裏の畑は、目覚める前の最後の眠りをむさぼっている。この安眠の邪魔をするかのように、パスクワリーノの菜園の作物の間から、かわいらしい野ねずみの家族がちょろちょろと走り出るのを、安奈とダリオは台所の窓から大喜びで見物する。そして三月の半ば、春の訪れの遅い北イタリアでも、いよいよ新しい季節の胎動が大地から聞こえ始めるころ、後部に六枚の巨大な刃をつけたトラクターがやってきて、まず畑の土起こしをする。この作業が終わったあとの畑は、それまでとは打って変わって活気にあふれ出す。下から掘り起こされた土は、チョコレート色に湿っている。これが新しい空気をじゅうぶんに吸い込むのを待って、今度は直径が一メートルもある黄色い漏斗《じょうご》つきのトラクターが現われ、白い肥料を一面にまき散らしていく。それから、ぐるぐる回転するドリルのようなものを水平につけた、もう一台のトラクターが、土ならしのために畑を何度も行ったり来たりする。これで種まきの準備は完了だ。

土起こしの日から一週間後、刈り入れとともにもっとも重要な作業であるはずの種まきが、六列を同時にこなすトラクターの登場であっけなく済んでしまうと、あとは発芽を待つのみである。黄緑色の新芽がいっせいに土から顔をのぞかせるまで、一か月はかかるだろう。整然と縦に筋のついた畑の上の青く澄んだ空に、白いちぎれ雲がふわふわと浮かぶような日には、南側のテラスに干す洗濯物も気持ちよく乾いてくれて、私はもう一刻も早く家じゅうのカーテンを取り外して洗いたくなってしまう。けれども、暖房を完全に切るまでは我慢したほうが賢明だ。というのは、どの部屋の窓も、たいていその下にラジエーターがあり、冬を越した白いカーテンが薄汚れているのは、暖房装置の温風が吹き上げるほこりのせいなのだ。

春は、暦の上では三月二十一日から始まることになっている。昼と夜の長さがちょうど同じの、この春分の日を過ぎると、みるみる日が長くなっていく。三月最後の週末には夏時間が適用されて、時計の針を一時間進めなければならないから、本当は一時間「損」をするわけだが、外は七時を過ぎてもまだ明るくて、何だか「得」をしたような気分になる。それなのに、このあたりでは四月の声を聞いても相変わらず薄ら寒い日が続き、コートや毛のセーターが手放せないし、朝晩はかならず暖房を入れなければならない。こんなときに、シチリア島の海岸で早くも水遊びをする人々のようすなどがテレビの画面に映ると、つくづく住む場所をまちがえたかな、と思ってしまう。

それでも、家の外に出てみると、あいにく手入れを怠っている庭の片隅で、何年か前に植えたスイセンが咲き乱れている。チューリップの開花にはまだ間がありそうだ。野の花では、なぜかイタリア語で「聖母マリアの花《フィオーレ・デッラ・マドンナ》」と呼ばれる、水色のオオイヌノフグリや、いつ見てもはっとする美しさのスミレ、かわいらしい野生のヒナギク、それに黄色いタンポポが、あちこちに群がって咲いている。タンポポには《タラッサーコ》という正式名称があるのに、だれもそう呼ばない。花のうちは「ライオンの歯《デンテ・ディ・レオーネ》」、綿毛になると「吹く」を意味する動詞《ソッフィアーレ》に派生する名詞の《ソッフィオーネ》という名で親しまれている。

やはり何年か前に、パスクワリーノがわが家の庭に植えてくれたモモの木は、枝先の新芽から小さな若葉をのぞかせてはいるけれども、残念ながらまだ花をつけたことがない。北イタリアでは三月も下旬にならないとモモの花が咲かないから、ひな人形を日本からもってきた友人の家に集まって、せっかく三月三日にひな祭りをしても、モモの花はまず間に合わない。メジカ通りやその近くを散歩していてよく見かける、サクラのような白い花はアーモンドだ。このあたりは庭つきの一軒家が多い。モクレンの赤紫と白、日本のボケによく似た低木の紅、ヤマブキの黄、それにフジの薄紫までみごとに庭先にそろえた家の前では、思わず立ち止まって見とれてしまう。

こうして長い冬の眠りから目覚めた自然がふたたび活気を帯びてくるころ、イタリアでは復活祭《パスクワ》が祝われる。この、キリストの復活を記念する祭事は、年によってまだ三月だったり、四月に入ってからのこともある。そのちょうど一週間前の日曜日は、「枝の主日《ドメニカ・デッレ・パルメ》」といって、ミサ帰りの人々が皆、司祭から受け取ったオリーヴの枝を手にもっているから、すぐそれと気づかされる。ロバに乗ってエルサレムに入城したキリストを、民衆がシュロの葉を振って歓迎したことに発する慣習である。同じ週の木曜日、使徒たちと最後の晩餐を済ませ、ユダの裏切りによって捕らえられる直前のキリストが、オリーヴ山にひと晩こもって祈りをささげたことを思い起こすために、ノアーレの大聖堂《カッテドラーレ》でも信者たちが交代で夜を徹するのだ、と信心深いマリーナが教えてくれた。彼女も夫のリッカルドも、若いころからこのしきたりを守ってきた。春とはいえ、しんしんと冷えわたる真夜中の教会のスピーカーからは、よく耳をすまさなければ聞こえないような音量でグレゴリオ聖歌が流される。この話を聞いて、そういえば私の好きなルネサンス絵画には、『オリーヴ山のキリスト』という題の、苦悩するキリストを描いた作品が数点あることを思い出した。

町じゅうのお菓子屋には、復活祭のだいぶ前から、ハトの形をしたケーキ、《コロンバ》や、きれいに包装されたチョコレートの卵が並べられる。ノアの方舟に吉報をもたらしたハトは「平和」、卵は「創造」を象徴し、どちらも復活祭には欠かすことのできないお菓子だ。卵形のチョコレートは、小粒のものは中も全部チョコレートでできている。けれども、高さが二、三十センチのものや、中には一メートル近いようなものまであり、そのような大型の卵は、空洞になった内部に玩具や学用品のおまけが入っている。毎年復活祭が近づくと、私も子どもたちに一つずつ買ってやり、復活祭当日まで居間のピアノの上に飾っておく。ヒヨコの代わりにお目当てのおまけが出てしまうと、無惨に叩き割られた殻が残るが、これは甘いものがほしくなったときに皆で少しずつ食べる。

復活祭の前後は学校も一週間ほどお休みになる。クリスマスは、だれが何と言おうと血のつながった身内だけで祝うイタリア人も、復活祭は自由に過ごすことが多い。「クリスマスは家族と、復活祭は好きな人と」という言い回しもあるくらいだ。特に復活祭翌日の月曜日、《パスクエッタ》の日には、お天気がよければ、気の合う仲間同士でサイクリングやピクニックに出かけたり、近くの野山を散策したりして、春との触れ合いを楽しむ習慣がある。

けれども、私が何といっても春の到来を実感するのは、いつも買い物に行く八百屋の店台に、アスパラガスの束が立ち並ぶときである。とがった芽のほうを上にして、二、三十本ずつ輪ゴムでまとめられたそれは、はじめてお絵描きをする子ども用の極太鉛筆を思わせる。アスパラガスといえば、緑色のものと白のものと二種類あり、緑色のほうが早くから出回り始めるが、少なくともヴェネト州では白のほうが優勢のようだ。どちらも土の下で育てられ、食べごろになると、先にかぎ針のついた棒状の器具で引っ張り出されるという。うっかり地面より上に伸びるまで引き上げずにいると、光を浴びた部分が赤っぽく変色して価値が下がる。この話を八百屋の主人にはじめて聞いたとき、私は目から鱗が落ちる思いだった。ということは、アスパラガス畑というのは、一面土色の砂漠のようなものなのだろうか。そして、以前は五月に入らないとじゅうぶん育たなかった白アスパラガスが、最近は地下に通した水道管に温水を流して地温を高くすることで、一か月も早くから収穫できるようになったそうである。このあたりは白アスパラガスの産地として知られ、とりわけノアーレの北西四十キロほどのところにある町、バッサーノ・デル・グラッパ特産のものとなると、直径が二センチ半もあり、雪のように白く、つやつやしている。

この野菜のいちばん簡単な料理法は次のとおりである。長いままの白アスパラガスの、下半分だけを皮むき器で軽くそぎ、さっと洗う。塩をひとつまみ入れた熱湯でゆで上げ、よく水を切る。固ゆで卵を別に作っておき、いっしょに盛り合わせ、パンを添える。これで春のごちそうのできあがりだ。ゆだってクリーム色になったアスパラガスにオリーヴオイルをかけ、ナイフで適当に切り分けて口へ運ぶと、ちょっとくせのある、独特な味が、春の香りとともに口の中いっぱいに広がる。固ゆで卵やパンもいっしょに、これを十二、三本も食べれば、お腹がいっぱいになってしまう。この料理には、やはりヴェネト州産の、よく冷やした、辛口の白ワインがだんぜん合う。

もう一つ、イタリア人ならだれでもアスパラガスを使って作る料理は、リゾットだ。リゾットに入れるアスパラガスは、どうせ小さく切ってしまうので長くなくてもよい。だから、収穫や選り分けのときに折れてしまって、長さのそろったものとは別にされた「先っぽ《プンタ》」を買う。やはり白アスパラガスで作るのがふつうだが、米も具も同色では見栄えがあまりよくない、ということなのか、私が八百屋で、

「今夜はリゾットにしようかしら」

と言うと、

「じゃあ、彩りに」

と緑のものも二、三本入れてくれたりする。

それからこの時期にはもちろん、イチゴやサクランボも八百屋の棚にどっさり積まれて、いっしょに連れて行ったダリオを大喜びさせる。イチゴは、スペイン産のものや、暖かい南の州から冷蔵車で運ばれて来たものが四月前から出回って、せがまれるとつい買ってしまうけれども、本当はノアーレや近郊の畑で採れるようになるまで待ったほうがいい。五月の太陽をたくさん浴びた地元産のイチゴは、ずっと甘くて味が濃い。サクランボは、明るい赤や黄色の日本のものと違って、木の種類が異なるのだろうか、黒ずんだ赤紫色をしているのがふつうだ。

四月の第二日曜日、ノアーレでは盛大な花祭りが開催される。《ノアーレ・イン・フィオーレ》、つまり「花盛りのノアーレ」と呼ばれるこの行事は、二十年以上も前から続いており、近郊からも見物客がおおぜいやってくる。春の草花や植木の市に加えて、庭の作り方の実演や園芸用具の販売、それにヴェネト州のゼラニウム・コンクールもおこなわれ、カステッロ広場とヴェンティ・セッテンブレ広場をつなぐ町の中心部は、一挙に大賑わいとなる。広場や目抜き通りに面した家に住む人々は、競ってその窓辺を花で飾り立てる。なにしろ、「もっとも美しい」と町の審査委員会に評価されたバルコニーが、町長の表彰を受けるのだ。この日のノアーレを空から見下ろしたら、絵の具を何色もしぼり出したパレットのように見えるにちがいない。春を体じゅうで感じながら花祭りを見物していると、私も花の苗や植木を買い込んで、庭の手入れがしてみたくなる。けれども、わが家の庭の数少ない花木のうち、モモはいまだに花をつけてくれないし、時々草刈りを頼む庭師に「何もしなくていいんですよ」と言われた二本のツバキまでとうとう枯らしてしまったことを思うと、なかなか勇気が出ない。庭仕事が得意なことを指して、イタリア語には「緑の親指をもつ《ポッリチェ・ヴェルデ》」という、おもしろい表現があるが、どうやら私の親指は緑ではないらしい。

ようやく完全に暖房を切ることができるのは、町のあちこちをツバメが飛び交い始める、四月の下旬ごろだ。私が仕事をもっていることもあり、わが家では週に二回ほど、そうじやアイロンかけのために人に来てもらっている。ここ数年来、近所から自転車で通ってくる、口数は少ないが、几帳面で働き者のナディアさんは、

「さあ、いよいよ春の大掃除を始めましょうか」

と張り切ってエプロンをしめる。やっと一年分の汚れを落として、しわ一つ残さずアイロンのかけられたカーテンが下げ直され、窓ガラスやタイルがぴかぴかに磨かれた家の中は、前より明るく見える。

さすがに五月ともなると、それまでアダージョ、アンダンテ、とゆっくりしたテンポで進ん

できた春が、にわかに夏へ向かって、アレグロからプレストへと足を速めていく。日中の気温はぐんぐん上がるのだが、雨の降ることも多く、ダリオの誕生後に日本から買ってきた鯉のぼりがテラスでぬれそぼってしまう。それでも、ひと雨ごとに木々の緑は鮮やかさを増していき、鳥たちのさえずりがうるさいほどだ。まだか細いトウモロコシの苗がきれいに生えそろった畑からは、もう夏を感じさせる、うっすらとした草いきれが伝わってくる。

子どもたちは早くも楽しい夏休みに思いを馳せて、浮き足立ってくる。安奈は宿題を済ませてから、ダリオは幼稚園から戻るやいなや、家の外へ遊びに出て行く。もちろんマッテオやジョヴァンニといっしょだ。時々、転んでひざをすりむいたダリオをなぐさめたり、けんかの仲裁をしたりするために、私も外へ呼び出されて、やはりようすを見に出てきたジョヴァンナと、夏休みの予定を話し合ったりする。五月の夕暮れどきは、ちょうど花盛りのネムノキの放つ、ちょっとむっとするような匂いが漂い、どことなく気だるい。

友人のカテリーナが、二人の子どもを残して四十一歳で逝ってしまったのも、一九九八年の、悲しいほど明るい晩春のことだった。町の郵便局員をしていたカテリーナとは以前から何となく顔見知りだったが、彼女の次兄が思いがけず日本人と結婚してノアーレの郊外に住んでいることを知ってから、その兄嫁一家も交えて、よく行き来するようになった。私たちが牝鹿通りに引っ越す前は家も近かったから、安奈と、一つ年上の長男のアルベルトをいっしょに遊ばせることもあった。色白で大きな瞳のアルベルトは、年よりませて、ちょっと神経質なところのある子どもだった。私が用事で郵便局へ行くと、窓口のカテリーナはにこっとして、

「ちょうどよかった。今、休憩しようと思ってたところなの。コーヒーでも飲みに行かない？」

と、バッグをつかんで出てきたりした。

次男のフェデリーコが生まれて、育児休暇中のある日、私が訪ねていくと、居間のソファでお乳をあげていた。白い胸をはだけたカテリーナは「入って、入って」と私を呼び入れ、隣に腰を下ろした私に、

「母乳は楽でいいわよね。母乳をあげているとね、乳ガンにもなりにくいんですって」

と幸せな母親の顔でほほえんだのだった。そして、

「二人めの苦労なんか一人めの半分以下よ。カヤトも早く二人めを産んだら？」

とも言った。そのカテリーナが乳ガンを発見したのは、金髪の巻き毛が愛らしいフェデリーコが、まだ一歳にもならないときだった。授乳のせいで乳腺が詰まったものとばかり思っていたしこりを診てもらったら、病状はすでに危険な段階まで進んでいた。

三年に及んだ悲壮な闘病の間、彼女は決して希望を捨てずに、できるだけふつうの生活を続けようとした。そのころは安奈もアルベルトやフェデリーコと同じ幼稚園に通っていたから、

送り迎えで顔を合わせるたびに、手術の経過や検査の結果を話してくれた。けれども、まだ死にたくないから、どんな薬だって試すつもりよ、と言い放ったカテリーナは、次第に面《おも》変わりしていった。フェデリーコが入園した年のクリスマス学芸会を見に来たときは、化学治療で髪が抜け落ちてしまった頭に、すっぽりとぼうしをかぶっていた。舞台の上の息子を一心に見つめるカテリーナの横顔は、あまりに痛々しくて、私は思わず目をそむけた。私がダリオを身ごもったときには、自分で縫った妊婦服を貸してくれたりした。そしてダリオが生まれると、プレゼントを二つもって訪ねてきた。一つはダリオの誕生祝いで、もう一つは「お姉ちゃんになって何かとたいへんな」安奈のためだった。カテリーナの優しい心遣いが心にじわりと染みた。

その間にも病状はどんどん悪化して、あとは奇跡を待つしかないのだ、と夫のレンツォが淡々と語ったころから、カテリーナは毎日をほとんど床の中で過ごすようになった。ある春の朝、幼稚園へダリオを送った帰りに、私は花屋で色とりどりのかわいらしいチューリップを見つけた。花束を手に訪ねてみると、カテリーナはめずらしく体調がよくて、居間のソファでくつろいでいた。

「わあ、きれい。どうもありがとう」

いそいそと花びんに生ける彼女の白い手が、わずかに震えているように見えた。それが最後だった。日本人の兄嫁から訃報が伝えられた翌日は、よく晴れて日差しの強い、青葉が目にまぶしい日だった。もう小学生になっていたアルベルトを連れて、いつものようにフェデリーコを迎えに来たレンツォに、幼稚園の裏門の前で行き合わせた。私は何か言おうとしたが、言葉が一つも出てこなかったから、憔悴しきった表情のレンツォの肩にそっと手を回した。今日から母のない子どもたちの顔は、涙で曇って見えなかった。

数日後、カテリーナが葬られた墓地へ行ってみると、注文した墓石がまだできあがらないらしく、こんもりと盛られた土の上に、名前を記した木の十字架が立ててあるだけだった。私はその両側のお墓の列に目を向けて、あ、と思った。右側には大人用の大きな墓石が並んでいたが、カテリーナの左隣からは、子どもの小さなお墓がいくつも続いていたのだ。アルベルトとフェデリーコの成長をもう見ることができないカテリーナの無念を思って、ふさぐ心で立ちつくす私の耳に、病気や事故で幼い命を落とした子どもたちの、明るい笑い声が聞こえてくるような気がした。子どもたちに囲まれて、にっこりほほえむカテリーナの顔を思い浮かべながら、私はお墓に手を合わせた。木陰一つない墓地にじりじり照りつける太陽が、春の終わりを告げていた。

夏

一年に四つある季節のうち、夏のことがいちばん、過ぎ去ってしまってからも鮮明に思い起こすことができるのはなぜだろう。あの、目を射るような光のせいだろうか。灼熱の太陽が、さまざまな場面や思いを心のアルバムに焼きつけてくれるからだろうか。始まる前はあんなに待ち遠しくて、胸を躍らせる夏。かぎりなく続くように思えたのに、意外にあっけなく幕を閉じてしまう夏。夏になると、身の回りの色や音や匂いがにわかに際立ってくるような気がする。

とはいえ、私は夏の大半を、日本へ帰国したり、家族でドロミテ・アルプスの山や地元の海へ行って過ごすことが多いから、実はノアーレの夏、特に七月から八月にかけての期間をあまりよく知らない。きっと真夏の日差しが、鐘楼や時計台の赤れんがを色褪せさせ、ロッカのお堀を干上がらせていることだろう。ヴァカンスにも行かずに町に残る人々は、暑さを防ぐために、昼間はよろい戸を閉めきっているはずだ。夕方、いくらかしのぎやすくなる時間まで、カステッロ広場は人影がまばらで、しんと静まり返っているにちがいない。ふしぎなことに、イタリアは夏にセミが鳴かない国なのだ。私が日本やヴァカンス先でふと思い浮かべるのは、色や音まで暑さにうなだれてしまったような、そんなノアーレの昼下がりの情景だ。

六月に入ると、子どもたちが夏を切望する気持ちは、入道雲のようにもくもくと膨らんでいく。昼近くには水銀柱が早くも三十度まで上りつめる日もあるし、イタリアには梅雨がないから、月初めからもう「夏」と呼んでもよさそうに思えるが、暦の上では六月二十二日の夏至が夏の始まりらしい。

「この時期になると、子どもたちは席に座っているのがやっとで、ほとんど授業にならないんですよ」

と安奈の先生たちは嘆く。それでも、学校があるうちは、あの、夏に特有の解放感はお預けのままだ。朝、薄手のコートもいらなくなって、春が足早に遠のいていくころから、安奈はマッテオと誘い合わせて、自転車通学を始める。軽々とペダルを踏んで出ていく二人の背中のリュックからは、もうすぐやってくる夏休みへの期待があふれ出している。

小学校より始業が三十分遅い幼稚園へダリオを送る私も、車はやめて、自転車で出かけることが多い。めっきり重たくなってきた息子を後ろに乗せ、初夏の風を切って自転車をこいでいくと、たった十分足らずの道のりなのに、着くころには汗ばんでいる。けれども、車で素通りしているときは目に留まらなかった、さまざまな小さい発見があって楽しい。ダリオも後ろから大声で、「お母さん、ほら、あれ見て！」を連発する。道沿いの家々の庭先には、私たちが前を通るたびに次から次へと犬が姿を見せる。歯をむき出してかならず吠えかかってくる番犬や、しっぽを振って門の鉄格子の間に鼻先を突き出す子犬、庭をかけ回る親子の犬。何日か経つと、私たちもすっかり順番を覚えてしまう。朝から植木の手入れに余念がない老人や、洗濯物を干す顔見知りの主婦のいる住宅街を抜け、幼稚園の裏門前に自転車を置いて、ダリオの教室へ入ると、たいていもう九時だ。教室は、夏服から腕や脚をにょっきりと出した園児たちの人いきれで、少しむっとする。私は息子に別れを告げ、先生にあいさつし、幼稚園の玄関を出る。すがすがしい空気の園庭では、朝の太陽を浴びたポプラやドングリの木が、さわさわと深緑の葉を揺らしている。

イタリアの公立小学校は、州によって数日のずれはあるが、毎年六月半ばに夏休みに入る。新学期は九月半ばを過ぎないと始まらないから、実にまるまる三か月もの間、子どもたちは学校へ行かなくてよいのだ。ふだんの宿題が山のように多いのは、この長い長い夏休みのせいではないか、と勘ぐりたくなってしまう。学校のある短い期間内に決められたカリキュラムをこなさなければならない先生たちは、教室でやり残した作業を家庭に押しつけるのだ。それに、学校が三か月も休みになるのは、子どもたちにとってはまさに天国でも、共働きの家庭にとってはかなりの負担である。母親も仕事をもっている家庭の場合、両親そろって長期休暇のとれる八月はいいとしても、それ以外の時期は子どもの預け場所の確保に頭を痛めることになる。子もちで働く私の友人たちも、親戚に頼んだり、林間学校のようなところに送り込んだり、夫婦で勤務時間を調整したり、と四苦八苦している。

そしてその悩みは、小さい弟や妹がいればさらに大きくなる。そんな家庭の事情を考慮してのことらしく、幼稚園は一応、六月末まで開いている。けれども、小学生の兄や姉が夏休みでもう学校へ行かないのに、その弟や妹を通園させるのは決して楽ではない。わが家でも、安奈が早起きをする必要がなくなると、ダリオだけ起こして幼稚園へ連れていくのが面倒で、つい休ませることが多くなる。私自身もさいわい、この時期は大学の仕事が一段落するから、九月の試験まで通勤しなくてよいのだ。暑さが日に日にきびしくなると、まずは母子だけで早々に避暑に旅立つ家庭も多いし、また私のような怠け者の母親もかなりいるのか、六月後半の幼稚園はがらがらである。先生たちはそれを見越して、九月から小学校へ上がる年長の園児たちの「卒園式」を、ちゃんと六月初旬にやってくれる。

子どもたちが学校へ通うようになって少し驚いたのは、イタリアには入学式も卒業式もないことだ。始業式や終業式ももちろんなく、学期の初日も最終日もふだんとまったく変わらない。日本のように、講堂に全校生徒や父兄が集まって、校長先生のお話を聞く、などという機会は一度もない。だから、ノアーレの公立幼稚園の園長と小学校の校長を兼任する人物の顔は、事前におこなわれた入園や入学の説明会のときに見たきりである。ところが、幼稚園の修了だけは別で、先生たちの手作りの卒園式がある。この日のために、園児たちはずいぶん前から、歌や踊りの練習や小道具の工作に励む。当日の主役はもちろん巣立っていく年長の子どもたちだ。おおぜいの父兄が見守るなかで、九月からは小学生の園児たちが一人ずつ名前を呼ばれ、園庭の真ん中にしつらえた壇の上で、先生たちのサイン入りの「卒園証書《ディプローマ》」を手渡される。堂々とした態度で壇に上がり、証書を胸に晴れがましくカメラの前でポーズをとる子どももいれば、緊張のあまり泣き出してしまい、先生に助けてもらってやっと証書を受け取る子どももいて、それは実にほほえましい行事なのだ。

六月の晴れやかな青空に、園児たちの元気な歌声が響きわたる。それからノアーレの町長や園長先生の短いお話があり、父兄から幼稚園への記念品の贈呈なども済んでしまうと、卒園式はお開きだ。この日が夏休み前の最後の登園になる子どもたちも多いので、大人たちの間でも、「よい夏休みを!」を意味する《ブオーネ・ヴァカンツェ!》というあいさつがあちこちで交わされる。そしてその数日後、小学校も待ちに待った終業の日を迎え、いよいよ本格的に夏が到来する。

六月の最初の日曜日は「聖体節《コルプス・ドミニ》」の日で、ノアーレでは《インフィオラータ》と呼ばれる宗教行事がおこなわれる。これは「花《フイオーレ》」に派生する言葉で、「道に花をまき散らすこと」や「まき散らされた花」を指す。本当にその名のとおり、町の二つの城門を結ぶ道のうち、鐘楼に近い、百六十平方メートルほどの石畳が花びらで覆いつくされるのだ。前日に庭や畑で摘んでおいた、何千本もの花の花びらを、一枚一枚むしっては道に敷き詰めていくという、この、気が遠くなるような作業は、信者たちの手で早朝に始まる。まず砂の層を作り、その上に宗教的な題材の下絵を描き、それから決められた色の花びらでそれぞれの枠内を埋めていく。こうして昼前にようやく完成する、みごとな花のじゅうたんは、日が沈むまでの間、しおれないように何度も上から水がかけられ、観客の目を愉しませてくれる。その両側の家々の壁やアーチも、緑の小枝で飾り立てられる。数十歩下がって眺めると、まるで花畑と林の一画を切り取って運んできたかのようである。

この日の夕暮れ前、大聖堂《カッテドラーレ》でのミサのあと、司祭《パッロコ》を先頭にした信者たちの行列が、実は私も一員になっている楽隊をしたがえて、しずしずとロッカの周りを一巡する。行列の中でひときわ目を引くのは、その年に《プリマ・コムニオーネ》、つまりはじめての聖体拝領を受けた、長い白装束の少年少女たちだ。彼らはそれぞれ花びらの入った籐《とう》のかごを手にし、紅潮した顔で歩みを進める。キリストの体と血を象徴するパンとぶどう酒を、花びらの絵の奥に仮設された祭壇まで運ぶことが、この行列の使命なのだ。祭壇ではもう一度、厳粛なミサがとりおこなわれる。

その二週間後の「聖霊降臨《ペンテコステ》」の日、昔からこの町に住む人々にとっては一年でいちばん大事なお祭りである《パリオ》がおこなわれ、ノアーレはにわかに六百年の歳月を越えて、中世に引き戻される。というのは、この行事について残された最古の史料にもとづいて、当時の町のようすがそっくりそのまま再現されるからだ。その史料によると、すでに一三四七年には町の領主であったテンペスタ家がパリオを主催したらしい。パリオといえば、シエーナのカンポ広場で毎年九月に、やはり中世の衣裳をつけて催される競馬レースがもっとも有名で、全国的にテレビ中継されるほどである。けれども、ノアーレのそれは馬を使わずに人が走り、六つの旧地区《コントラーダ》の間で優勝旗《パリオ》が争われる。《コントラーダ》とはもともと「道」を意味した言葉で、カステッロ広場周辺には、当時の町の区割りにしたがった、その表示がまだいくつか残っている。ちなみに、私たちの住む牝鹿《めじか》通り一帯はもちろん、「牝鹿地区」として登録されている。パリオが近づくと、通り沿いの家々のテラスや街灯のてっぺんに白黒の地区旗がひるがえる。

パリオの準備は町の観光協会を中心に、何週間も前から着々と進められる。競走がおこなわれる前々日の夜、人々は旧地区ごとに集まり、夜空の下でろうそくを灯して晩餐をとる。十四世紀の料理が忠実に再現され、当時の習慣にしたがって、ナイフやフォークを使わずに手で食べるのだそうだ。そして前日の土曜日には二つの城門が閉ざされてしまうので、見物するにはノアーレの町民でも入場券が必要になる。カステッロ広場では、粉屋や染め物屋、刃物の研ぎ屋、ろうそく屋、大工など、中世の職人たちがいっせいに仕事を始める。買い物をするなら、まず両替所で当時の《ノヴァリーノ》貨を手に入れなければならない。一方、ロッカの土手では兵士たちの野営テントが張られ、当時の戦闘のようすをしのぶことができる。

ぶらぶら見物していると、本当に中世の町に迷い込んでしまったような錯覚に陥る。しかし、よく目を凝らせば、すっかり十四世紀の衣裳に身を包んだ職人たちや兵士たちの中に、いつも買い物をする店の店員や町役場の職員、安奈やダリオの同級生の父兄など、顔見知りを次々に発見して、吹き出したくなる。代々ノアーレに住む彼らにとっては、年に一度の、誇らしい晴れの舞台なのだ。町の合唱団に入っているマリーナが、中世の一庶民になりすまして広場の隅で古歌を歌うのを聞いていると、まったく違和感がない。そして、出身地を心から大切にするイタリア人の側面を思い知らされる。それは、長く故国を離れている私にはちょっとまぶしいような郷土愛で、思わず自分の人生を顧みてしまう。

こうして日曜日の夕方になると、まずテンペスタ家の威容を示す、大々的な騎士団のパレードが、旗もちや鼓手とともに中心街《チェントロ》を練り歩き、それからいよいよ競走が始まる。それぞれの地区の期待を一身に集める、選び抜かれた若者の走者たちは、地区旗と同じ模様の服とタイツをつけ、カステッロ広場を出発点に、八百メートル余りの決められたコースを全速力で二度走る。勝者には名誉ある優勝旗が授与されるが、いちばん最後にゴールインした者は、顔を黒い炭で塗りたくられる屈辱に耐えなければならない。ある年のパリオでは審判の公平性を巡って観客がもみ合いになり、勝負が取り消しになってしまった。何もそこまで熱を入れなくても、と思うのは、私がよそ者だからだろうか。競走のあとの出し物も終わって、真夜中になると、時計台に火が点けられ、塔内にしかけられた花火がいっせいに夜空に燃え盛り、パリオは劇的に終幕を迎える。

七月の裏の畑はまるで緑の大海原だ。いつの間にか子どもたちより背が高くなったトウモロコシの、みごとに生い茂る青葉の波間に舟を浮かべて、目印の鐘楼を灯台に見立てたら、ブリアーナまで航海できそうだ。八月になって穂がじゅうぶん育つと、今度は穂先からこぼれる白いひげや茎のてっぺんに咲いた花が、波頭を立てる。一度だけ、この畑でトウモロコシの代わりにダイズが栽培された年があった。ダイズはトウモロコシより丈が低く、葉も小さくて丸いから、その年は海原のようすも少し違った。ダイズを育てるのはもっぱら油を採るためだ。オリーヴオイルが圧倒的に主流のイタリアでも、ダイズ油はトウモロコシ油と並んで、特に揚げ物などに適した植物油として近ごろ評価されるようになった。そのダイズが実をつけ始めたのを裏の金網ごしに見たとき、日本のエダマメを思い出した私は、

「このまま塩ゆでにして食べられないものかしら?」

とパスクワリーノに聞いてみた。すると、日本人はこんなものを食べるのか、と怪訝《けげん》そうな顔をしながらも、彼はさやが鈴なりになったダイズを何本か引っこ抜いてくれたのだった。日本のものよりずっと毛深いさやの中の小さな豆は、ちょっと青臭かったけれども、たしかにエダマメの味がした。

盛夏の食卓は彩りが豊かで楽しい。暑くて火を使う気がしない日には、まずよく冷やしたメロンと生ハムを、私はテーブルに並べる。とろけるように甘くてみずみずしいメロンと塩辛い生ハムという、こんなに絶妙な組み合わせを、いったいだれが考え出したのだろう。生ハムは、パルマ産もおいしいが、このあたりではフリウーリ州のサン・ダニエーレ産も好んで食される。大皿にだいだい色の果肉のメロンを八つ切りにして円く並べ、その上にえんじ色の生ハムをのせるとき、きまって私の頭に浮かぶのは、言い得て妙な、あるイタリア語の言い回しである。それは、直訳すると「目も自分の分け前をほしがる」ということになるが、「(ものごとは本質だけでなく)見栄えも大切だ」という意味であり、料理に対して使われることが多い。

それから、やはりこの時期に私がよく食卓に出すのは、「冷やパスタ《パスタ・フレッダ》」や「お米のサラダ《インサラータ・ディ・リーゾ》」だ。どちらも作り置きができるので、まだ涼しい午前中のうちに準備して、冷蔵庫に保存しておく。《パスタ・フレッダ》は、その名のとおり、ペンネやフジッリなどの短いパスタを固ゆでにして冷水にさらし、オリーヴオイルと具を加えて味つけしたもので、日本で夏に冷麦や冷そうめんを食べるのと同じ感覚かもしれない。具は冷たくても食べられるものなら何でもいいのだけれども、わが家ではたいてい、トマトとモッツァレッラとバジリコを小さく切って混ぜる。イタリアの国旗に使われている赤白緑の三色は、たしかそれぞれ、「自由」や「平等」などの意味をもつと聞いたことがある。しかし、イタリアの代表的な食材であるトマトとモッツァレッラとバジリコが同じ三色なのは、偶然の一致にしてはできすぎていないだろうか。《インサラータ・ディ・リーゾ》のほうは、ハムやウィンナー、チーズ、酢漬けの野菜、黒いオリーヴなど、いろいろな具が入るので、見た目はもっと華やかだ。

八百屋の店先にも、夏の野菜や果物が所狭しと並べられ、買い物が楽しみになる。《ペペロナータ》はピーマンをはじめ、ナスやズッキーニなど、夏野菜をふんだんに使って作る料理である。日本では「ラタトゥイユ」という、気取ったフランス語の名前で呼ばれているそうだが、実は夏野菜をトマトと煮込むだけの、とても簡単な田舎料理だ。これを作るつもりのときは、八百屋でそう言うと、赤ピーマンと黄ピーマンを二つずつ、緑は一つ、というふうに、ちゃんと彩りよく選んで袋に入れてくれる。《ペペローネ》とはピーマンのことだから、ピーマンだけで作るのが本当かもしれないが、私は子どもたちに少しでも野菜を食べさせたくて、ナスやズッキーニも入れてしまう。厚手の大鍋でタマネギとニンニクを炒めたところへ、ひと口大に切った野菜と、別に熱湯にさっとつけて皮をむいたトマトを加えて、中火でコトコト三十分も煮ればできあがりで、室温で食べるのがよい。夏の色と香りが堪能できる。

イタリアの夏野菜は、ピーマンもナスもキュウリも、日本のものに比べたらお化けのように大きくて、最初はちょっと戸惑った。子どものころ、お盆になると、仏壇にお供えする牛や馬を、ナスやキュウリで父に作らされた。これをイタリアで作ったら、きっと仏壇からはみ出してしまうし、乗って帰ってくるはずの死者もさぞかしびっくりすることだろう。ピーマンはほどよい甘味があり、細長いのと丸いのと二種類あるナスも、煮たり焼いたりしていろいろ食べられる。けれども、キュウリは大味で水っぽく、おまけに皮がひどく苦いため、わが家ではあまり人気がない。一方、キロ単位で買う果物は、アンズもモモも、夏の日光を果肉の中に閉じ込めたような色をしている。台所の装飾にもなっている果物かごが、山盛りにするそばから空になっていく。

わが家では庭に石造りのテーブルと長いすをしつらえたので、夏の夕食は外でとることも多い。食卓の周りには忘れずに蚊除けのろうそくをたく。子ども連れの来客がある晩など、大人たちが食後のおしゃべりを楽しむ間、外遊びを許された子どもたちは大はしゃぎだ。九時をとうに過ぎたころ、まだ薄明るい夜空にようやく星がまたたき始める。客が帰ったあとも家の中に入ってしまうのが惜しいくらい、夏の夜の外気は気持ちがよい。

七月の半ばごろになると、どの店にも夏期休業を知らせる張り紙が出される。大部分の商店は、八月十五日の「聖母マリア被昇天の大祝日《フェッラゴスト》」をはさんで、短くても二週間、長ければ一か月の間、堂々と閉店してしまう。日常生活に支障をきたすこともあるが、町の中心街を抜ければ大型のスーパーマーケットがあり、そこは従業員が交代で夏休みを取るため、八月でも開いている。それにしても、日本の商店が、たった数日間のことなのに、「誠に勝手ながら休業させていただきます」などと書いて、本当に申し訳なさそうに店を閉めるのとはずいぶん対照的である。夏休みはだれにとっても正当な権利なのだ。

イタリアでは、夏に海へ行っておくと冬に風邪を引かない、という説がまじめに唱えられ、医学的根拠もあるという。そのため、アドリア海に面した、ヴェネツィア近郊の海岸は家族連れの海水浴客で大賑わいする。一方で、このあたりから車で半日あれば着ける、涼しいドロミテ・アルプスの山々も人気が高い。わが家でも、その年によって日本へ山へ海へ、と旅行が計画されるので、私は荷作りと荷解《ほど》きにいそがしい。最後の荷解きが終わるころ、近くの村祭りの打ち止めを知らせる花火が、小気味よい音を立てて夜空に消えていくのを、子どもたちといっしょに家の窓から見物する。それが、ノアーレの夏の終わりでもある。

秋

九月に入ると、八月の間じゅうひっそりとしていた町に、ヴァカンス帰りの日焼けした顔の人々の、明るいさざめきが戻ってくる。日中照りつける太陽の光は、まだまだ真夏のそれとあまり変わらない。けれども、朝晩はいつの間にかもう長袖が羽織りたいくらい涼しくなっていて、さわやかに澄んだ空気がやわらかさを含み始める。そして、日に日に夕闇の訪れが早まっていくのを、私は何となくやるせない気持ちで見届ける。

夏の間は七時を過ぎてもいっこうに沈もうとしなかった日の下で、元気な子犬のように走り回っていた安奈とダリオは、夕食に呼び入れられる時間がだんだん早くなってきたことが不服で、

「お母さん、お願い、あと五分だけ」

と懇願する。二人とももうすぐ迎える新学期を前に、わくわくと胸を躍らせる一方で、このまま夏休みがいつまでも続いてくれればいいのに、とも思っているのだ。娘が自転車の補助輪を外して、何度も転ぶうちにやっと乗りこなせるようになったのも、小学校へ上がる年の、こ

んな夏休み最後の日々の夕方のことだった。先に乗れるようになっていたマッテオが、隣でさかんに応援してくれたおかげでもあった。真っ赤な夕日が、畑のあぜ道に並ぶポプラの木立の影に見え隠れし、オレンジ色の空に紫がかった雲の筋が漂い始めるころ、堪忍袋の緒を切らしたジョヴァンナがエプロン姿で外に出てくる。

「もうとっくにご飯はできているのよ。冷めちゃうから早くしなさい」

そして、マッテオとジョヴァンニの兄弟が「チャオ、また明日」と言いながら、しぶしぶ家に入ってしまうと、安奈とダリオもようやく食卓に顔をそろえる。

いよいよ九月半ばに新学期が始まると、それまでの気のゆるんだ生活が少しずつ規則正しさを取り戻していく。イタリアでは九月から六月までが一学年だから、イタリアの子どもたちにとって九月は、ちょうど日本の四月のように、進級や進学の月であり、これから始まる新しい生活への不安と期待の入り交じった月なのだ。始業の日の朝、私はやや緊張した面持ちの安奈とダリオを、それぞれ小学校と幼稚園へ送っていく。小学校の正門のある通り沿いに、町の「ワイン協同販売所《カンティーナ・ソチャーレ》」があり、地元産ワインの販売だけでなく、醸造もしている。九月半ばはちょうどブドウの収穫期だから、近隣のブドウ畑のもち主たちがいっせいにトラクターで、摘みたてのブドウを売りにやってくる。ゆっくり進むトラクターのせいで道路が渋滞するので、早めに家を出なければならない。

安奈は久しぶりで仲良しの級友たちに会えるうれしさから、背中のリュックをカタカタ鳴らしながら速足で門の中へ駆け込んでいくが、ダリオはきまって別れぎわに涙をこぼして、最後の抵抗を試みる。いつもいっしょに過ごした長い夏休みのあとに、数時間でも私から離れなければならないのは、荒海に一人で小舟を漕ぎ出すような心境なのだろう。つい私もほろりとさせられてしまうけれども、息子の小さな身体をしっかり抱きしめて涙を拭いてやり、

「すぐ迎えに来るから、がんばって」

と言い聞かせる。それから心を鬼にして、幼稚園をあとにする。

たいてい九月のうちは給食が始まらないので、子どもたちを迎えに行くお昼ごろは、まだ残暑がかなりきびしくて、夏と変わらない日が多い。ところが、こんな日の午後、にわかに空がかき曇ったかと思うと、稲妻が光り、雷鳴がとどろき始める。嵐がやってきたのだ。強風が庭の草木を大きくしならせ、その上に滝のような大雨が容赦なく打ちつける。鳥たちはもうとっくに安全な場所へ避難している。窓ガラスが横なぐりの雨でぬれないように、私は大あわてで家じゅうのよろい戸を閉めて回るが、明かり取りのために台所だけは開けておく。その台所の窓から外をのぞくと、パスクワリーノの菜園も裏の畑も、あっという間に一面水浸しのぬかるみになってしまっている。

雨はひとしきり降ってしまうと、これでもう満足したとでもいうように、雨足を次第にゆる

め、空もみるみる明るさを取り戻していく。こんなときにはよく大きな虹がかかって、子どもたちを喜ばせてくれる。やがて虹もすがたを消し、今までの嵐がうそのように、ふたたび九月の太陽が強い光を放ち始めるのだが、あたりのようすはどこか違っている。畑のトウモロコシの葉をさわさわと揺るがせて渡ってくるのは、まぎれもなく秋の風だ。こんな日は夕暮れの訪れもいっそう早く、翌朝はきらめく夏がすでに遠い思い出になっている。

こうした出し抜けな季節の変わり方は、演劇やオペラの舞台装置の入れ替えを思わせる。イタリアでは四季が移り変わるとき、日本のように、日ごとに微妙な変化が積み重ねられていくことはあまりないような気がする。ある日突然、何の前触れもなく、カレンダーとも無関係に、それまでの季節が舞台裏にすがたを消し、次の季節が登場する。そしてその劇的な場面替えは、とりわけ夏が秋に移るときに顕著だ。大げさで芝居がかった態度の似合うイタリア人の側面が、こんなところにも表われているようでおもしろい。

ダリオが朝、どうにかべそをかかずに幼稚園の窓から私に手を振れるようになるころ、町の八百屋の店先もにわかに衣替えをして、秋の味覚がいっせいに顔をそろえる。黄土色や薄茶色やこげ茶色の丸い笠をつけたキノコが、種類ごとに木箱に分けられて並んでいる。あちこちを向いた、白っぽい軸には泥がついたままだ。その隣には、つやつやしたクリの実がどっさり積まれている。どちらも近郊の林で採れたばかりのものである。焼きグリは家でも簡単に作れる。「お腹」のほうへナイフで切り込みを入れ、弱火にかけた平たい鉄鍋に、ごろごろと一時間もただ転がしておけばいいのだ。けれども、十月の最初の日曜日に開かれる《サグラ・デル・ロザーリオ》の屋台の焼きグリのほうが、なぜかおいしい。この日はノアーレの守護聖人《サント・パトローノ》のお祭りで、カステッロ広場に移動遊園地《ジョストレ》が来る。スピーカーから流れる騒音と子どもたちの歓声を聞きながら、あつあつのクリの皮をむいては口に放り込む。

　カボチャは皮が緑のものとオレンジのものがあるが、中はどちらも明るいみかん色をしている。一人ではもち上げられそうもないくらい巨大なカボチャは、近くの町で毎年開催される品評会に出すためのもので、売り物ではない。ふつうの大きさのものでも、丸ごと買うと使いきれないから、私はいつも半分か四分の一に切ってもらう。これでリゾットを作るのだ。生のまま使うと、煮えるのに時間がかかりすぎるので、イタリア人はこんなやり方をしていないかもしれないけれども、私はまずカボチャを蒸してから、皮をむいて軽くつぶし、米と合わせる。仕上げには、下ろしたパルメザンチーズとパセリのみじん切りをたっぷり散らす。ややねっとりとした、みかん色の米粒をフォークですくって口に入れると、カボチャのほんのりとした甘味が意表を突く。子どもたちの大好物なので、秋には何回も作る料理だ。

　イタリアのサツマイモは、日本のそれとはずいぶん違う。《パタータ・アメリカーナ》、つまり「アメリカのジャガイモ」という、いささか投げやりな呼び名の由来を、八百屋の主人に尋ねてみたことがあるが、彼も首をかしげて、

「さあ、たぶん昔アメリカから伝わったんじゃないでしょうか」

と言うばかりだった。皮はサツマイモのような赤紫ではなくて、ジャガイモとほとんど同じ色をしているし、形もころころしていて、ジャガイモに近い。それでも、ふかしたり焼いたりして食べると、味はかなりサツマイモに近く、筋っぽいところもサツマイモそっくりだ。

秋は、裏の畑へも大股でその歩みを進めていく。月のきれいな秋の夜には、コオロギやスズムシの鳴き声がススキの間から聞こえてきてもよさそうなのに、私はノアーレで秋の虫たちの歌を一度も聞いたことがないし、ススキもまったく見かけない。私の名前、「茅戸」は「ススキに覆われた山の傾斜面」という意味の普通名詞で、若いころ、登山が好きだった父がつけてくれた。イタリアで暮らすようになって、いったい何度、その意味を友人たちに尋ねられ、ススキを知らない彼らをきょとんとさせたことだろう。ついでに書くと、秋空を飛び交う赤トンボも目にすることがない。だから、安奈やダリオが赤ん坊のころ、子守歌代わりによく歌って聞かせた『赤トンボ』の歌は、ちっとも現実性がなかったかもしれない。ここで秋の虫といえば、あまりありがたくないカメムシやバッタばかりである。畑の中で大量発生するらしく、開けた窓から家の中まで入ってきたり、洗濯物に群がったりするのには閉口させられる。カメム

シは夏の終わりには緑色をしていたのに、秋が深まるにつれて体の色を茶色に変えていく。うっかりつぶしてしまおうものなら、あの独特の悪臭を放つ。バッタも小スズメと見まごうほどの大きさのものが、何匹も畑から飛んできては窓辺で羽を休めていて、よろい戸の開け閉めのときにびくっとさせられる。

これらの虫たちにとって秋が活動の最盛期なら、畑の作物にとって秋は命の終わるときである。夏の間、大きな長い葉を青々と繁らせ、ずっしりと重そうな穂をいくつもつけて立ち並んでいたトウモロコシは、いつのまにか全身がすっかり茶色に枯れてしまい、見る影もない。骨と皮ばかりになった老婆の死骸のような不吉なすがたをさらして、刈り取られるのをじっと待っている。イタリアでは、生のトウモロコシを焼いて食べるということはしない。ゆでてばらしたトウモロコシの粒をサラダに混ぜたりするのも、新しい習慣らしい。この作物の用途といえば、特に北部では、まずは《ポレンタ》である。これはトウモロコシの粉に水を加えて火にかけ、練り上げたもので、今でこそ肉料理や魚料理の単なる付け合わせとして、皿の隅に追いやられてしまったが、昔は貧しい農民たちの主食だったという。コムギよりずっと安価に収穫できたから、パンの代わりにもなった。今でも南部の人たちが北部の住民を侮蔑して呼ぶとき、「ポレンタ食い」を意味する《ポレントーネ》という言葉を使う。逆に北部の人たちは南部出身者を、《テッローネ》つまり「どん百姓、田舎者」とさげすむが、どちらも土にまつわる言葉であることに変わりはなくて、部外者の私にとってはユーモラスな対立だ。ポレンタを作る粉を挽くほか、トウモロコシからは食用や工業用の油を取ったり、そのまま家畜の餌になったりもする。いずれにしても、じゅうぶん枯らしてからでないと使えないのだ。わが家の裏の畑のトウモロコシが、いったいどんな運命をたどるのかは聞いたことがない。

朝晩はもう暖房が必要になる十月下旬のある早朝、見上げるように大きなトラクターが、巨大なくし型の刃でトウモロコシを刈り取る轟音《ごうおん》で、私たちは目が覚める。トラクターの通った跡には、大人の背丈より高かったトウモロコシの代わりに、短い茎の断片が無惨に並んでいるだけだ。畑のもち主から刈り取りに雇われた男は、トラクターの操縦ができても昼間は別の仕事をしているのか、子どもたちが学校へ出かける時間には仕事を止めてしまい、夕方戻ってくる。暗くなってもライトを灯して続けられる作業を、ダリオは台所の窓に鼻を押しつけて一心に見入っている。安奈は小さいころからトラクターなどには目もくれなかったのに、やっぱり男の子だ、と私は思う。

十一月一日は、「諸聖人の祝日《フェスタ・デイ・サンテイ》」である。イタリアのカレンダーを見ると、曜日の横か下に聖人の名前が記されていて、その日がどの聖人に捧げられた日かわかるようになっている。だから、聖人たちはすでに一年を通じて一人ずつ思い起こされているはずなのに、この日に全員まとめて、もう一度祝ってあげることになっているらしい。それとも、聖人というのはカレンダーの一年分では足りないほど多くて、そこに漏れた聖人たちのための祝日が特別に設けられたのだろうか。それはさておき、この日とその翌日の「故人たちの日《ジョルノ・ディ・モルティ》」、イタリア人はいっせいに亡くなった親戚や友人のお墓参りをする。死者に供える花は、キクと決まっている。イタリアのキクにも、白や黄色、薄桃色、赤紫色のものがあって、花びらの密集した丸い花はとても愛らしく、お墓を飾るためにしか使われないのはもったいなく思えてしまう。ノアーレでも、この秋の花を手にした人々が三々五々連れ立って、町の共同墓地へ向かう。墓地は、牝鹿通りのちょうど真ん中あたりから伸びている、イトスギが両側に植えられた長い一本道の先にある。

　キクといえば、私はちょっぴり苦い思い出がある。大学四年生のころ、イタリア語を習いに「日伊協会」へ通っていた。そこの会話の先生と親しくなり、ある日、彼女の家へ遊びに来るように誘われた。彼女はたしかミラノの出身で、イタリアでは修道女をしていたのが、どういうわけかイタリア語教師として来日し、同僚と二人で東京に住んでいた。大学の帰りに寄ることになっていて、何をお土産にもっていこうか思案しながら、私は大学の門を出た。すがすがしい秋の午後だった。大学のすぐそばの花屋の店頭に、色とりどりの小ぶりのキクの花が咲きこぼれているのを見ると、私は迷わずそれで花束を作ってもらい、彼女の家に着いた。イタリアではキクが死者のための花であり、決して人には贈らないことなど、そのころは夢にも思わなかった私だが、当然喜んでもらえるものと思って花束を渡したのに、彼女がかすかに当惑した表情を見せたのを、よく覚えている。彼女は花を一瞥すると、低い声で「ありがとう」と言って、ほかの部屋へもって行ってしまい、すぐに花びんに飾りもしなかったのが、ちょっとふしぎだった。あれから数年後、私がイタリアで暮らすようになってようやくその謎は解けたが、彼女には悪いことをしてしまったな、と胸がちくりと痛んだのだった。

お墓に供えられたキクがしおれ始めるのと前後して、町に最初の霧が降りる。秋の霧は夕方、突然さあっと降りてきて、見る間にあたりをすっぽり包み込んでしまうこともあれば、朝まだ暗いうちから出ていることもある。霧の日の朝は、よろい戸を開ける前から何となくわかる。ふだんは耳障りなこともある、牝鹿通りを走り抜けていく大型トラックの音が少しくぐもって聞こえるし、よろい戸の掛け金が冷たく湿っているからだ。裏の畑は乳色の海と化し、地平線はおろか、ブリアーナの鐘楼も民家もポプラの林も、魔法のようにすべてすがたを消してしまっている。台所の窓からわずか五メートルの金網さえ、かすんで見えないこともある。

こんな日に車を運転するのはなかなか勇気がいる。霧の中でも目立つはずの特別のライトを点けて、おそるおそるアクセルを踏んでいく。同じ霧でも、すっかり降りきって停滞している霧と、特に出始めの段階で何層にも分かれて流れてくる霧がある。「動かない霧」のときは、ひたすら車道の白線や前を行く車の赤いテールランプを頼りに、そろそろ進めば何とかなるが、

「動く霧」は本当に怖い。ふつうに走っていると、いきなり視界が閉ざされてしまうのだ。テレビでは悲惨な交通事故のニュースが次々に伝えられ、暗い気持ちにさせられる。こういう霧の日が何日も続いたり、どんよりと曇った空から細かい雨が一日じゅうしとしと降ったりすると、日本の秋晴れが恨めしく、うんざりしてしまうが、十一月にも好天の日がないわけではない。めずらしくからりと晴れ上がった朝など、これを逃してはたいへんとばかり、私は毛布や枕を窓辺に出して日に当てる。北側のテラスからは、新雪をいただいたアルプス前山が、手に取るようにくっきりと浮かび上がって見え、冷ややかな晩秋の風が心地よく目に染みる。

そして十一月十一日は、祝日ではないが聖マルティーノ祭の日である。この聖人は、イタリアの子どもたちによく親しまれている聖人の一人だ。その昔、馬に乗って従軍していたとき、寒さに震える一人の乞食に、自分のマントを剣で半分に切り裂いて与えた、という逸話が残されている。そのため、聖マルティーノといえばかならず、マントを羽織って馬上で剣を携えたかっこうで表わされる。息子は聖マルティーノにちなんだ工作を幼稚園からもち帰り、

「これが剣でね、これが馬の足だよ」

と得意になって説明してくれる。町のお菓子屋のウィンドウには、この馬上の聖人を型どったお菓子が、十一月の初めから並び始める。固焼きの厚ぼったいビスケットでできた聖マルティーノと馬に、チョコレートや色のついた砂糖をかけ、その上を色とりどりのキャンデーやひ

とロチョコレートで飾りつけた、見るからに楽しいお菓子である。片手に乗るくらい小さなものから、五、六十センチ四方の台紙にのせた大きなものまであり、子どものいる家庭でなくても、毎年かならず一つ買い求めたくなってしまうのではないだろうか。

晩秋、日に日に忍び寄ってくるはずの寒さがふっとゆるみ、まるで春のようにぽかぽかと暖かい日があると、日本語では「小春日和」という優しい響きの言葉を使う。これを英語では「インディアン・サマー」と呼ぶ、とたしか高校の英語の授業で習ったけれども、残念ながらその由来は忘れてしまった。イタリア語では「聖マルティーノの夏《エスターテ・ディ・サン・マルティーノ》」という。はじめてそう知ったとき、なるほど、と私は妙に合点し、思わず得々とした笑みを浮かべてしまった。

一九九二年の聖マルティーノ祭の翌日、私ははじめて母親になった。ノアーレの小さな病院には産婦人科がないので、二十キロほど離れた、ブレンタ川沿いのドーロという町の病院で出産した。帝王切開で生まれてきた安奈は、ばら色の肌をした、見とれるほどかわいい赤ん坊だった。病院では、新生児たちは一室に集められており、四時間おきに授乳のため、ワゴンに乗せられて母親のベッドまで運ばれてきた。その時間が待ちきれなかった私は、何とか歩けるようになると、長い廊下をそろそろ踏みしめて娘の顔を見に通った。そして、新生児室の大きなガラス窓に張り出される、毎回の授乳で飲んだ量に一喜一憂した。その窓の向こうの、姑の手作りのベビー服を着た安奈はたいてい、すやすや眠っているか、大きな黒い瞳でおとなしく宙を見つめていた。

病室の窓から外を眺めると、殺風景な白い病棟を背景に、赤や黄に色づいた木々の葉がはらはらと落ちていくのが見えた。空は十一月の鉛色の曇り空ではなくて、母親になったばかりの私の心情を写し出すように、明るい日差しに満ちていた。病院に住みついているらしい猫が数匹、日溜りの中で背を丸めていた。きっと外は、《エスターテ・ディ・サン・マルティーノ》と呼ぶのにふさわしい日々だったにちがいない。十日後に退院すると、わが家の入り口に、夫が飾ったピンクの花リボンが揺れていた。そして、冬へ向かうノアーレで、新しい家族のいる生活が始まった。

冬

気の早いお菓子屋は、ウィンドウから《サン・マルティーノ》を取り払うやいなや、クリスマスの飾りつけを始める。雪をあしらったり、キリスト誕生の場面を表わした、《プレゼピオ》と呼ばれる模型を並べたり、サンタクロースの人形を立てたり、とさまざまな趣向を凝らしたウィンドウにはかならず、《パネットーネ》と《パンドーロ》が置かれる。どちらもクリスマスには欠かせないお菓子だ。もとはミラノの名物だったパネットーネは、ドライフルーツの小片をたっぷり入れて焼いたケーキである。直径二十センチ、高さも二十センチほどの筒型で、上の部分が教会の丸屋根のようなかたちにふくらんでいる。一方、ヴェローナで生まれたパンドーロは、「金のパンケーキ」という名のとおり、きつね色の表面にナイフを入れると、光り輝くような黄色い生地が、バターの芳香を放ちながら現われる。側面に六つのぎざぎざがあるので、上から見ると星型をしており、これに真っ白な粉砂糖を振りかけて食べる。

早くも厚いコートに身を包んだ人々が、急ぎ足で通り過ぎるノアーレの中心街《チェントロ》にも、さっそくクリスマスのイルミネーションがほどこされる。無数の豆電球がまたたく町並みは、昼間とはまるで別世界だ。大人も子どもも、夢の国に迷い込んだような心持ちで、金や銀、赤や青や緑の流れ星が降り注ぐなかを行ったり来たりする。ヴェンティ・セッテンブレ広場には、十メートルもありそうな、本物のモミの木がどこからか運び込まれ、町役場の職員たちが大がかりな足場を組んで、これにも豆電球をとりつける。暗くなってから町に入ると、光の帯に包まれた大ツリーが迎えてくれるのがうれしい。このツリーはクリスマスから新年にかけての一連の祝日が終わる一月六日まで、町の真ん中に威風堂々と立っている。

ふつうの家庭も、商店街に負けてはいられないとばかり、庭のツリーやテラスの手すりを、きらびやかなモールや豆電球でいっせいに飾り立てる。ノアーレから十キロほど離れた、ブレンタ川沿いの町、ミラーノの音楽教室に、私は毎週子どもたちを通わせている。日がとっぷりと暮れた帰り道、安奈もダリオも、車の窓から見える家々の飾りつけの品定めに大いそがしだ。街灯もあまりない、初冬の田舎の暗闇の中に、ちかちかと点滅するクリスマスのイルミネーションを見つけると、ああ、ここにも人が住んでいるのだな、と何となくほっとしてしまう。

十二月になると、寒気がしんしんと増していく。パスクワリーノの菜園は、だいぶ前から箱型のビニールハウスですっかり冬支度を済ませている。裏の畑も、毎朝霜で一面真っ白に覆われ、まるで雪が降ったかのように見える。日中でも気温が零下のままのこともあり、そんな日には霜も溶けないから、畑は白い毛布の下で一日じゅう眠り続ける。裸の木々の枝にも氷の結晶がはりつき、あたりは凛《りん》とした静けさに包まれる。ヴィヴァルディの「冬」の、あの美しいラルゴが、どこからともなく聞こえてきそうな風景だ。

給食がある日の午後に子どもたちを迎えに行くころには、もう空から夕闇が下り始めている。身を切る寒さの中を、さらに冷たい北風が吹き抜け、幼稚園の庭の枯葉を宙に舞わせる。毛糸の帽子がよく似合うダリオは、白い息を吐いて頰を真っ赤にしながら、それを追いかける。イタリア人の母親たちは一般に、子どもが寒い思いをするのを心配するあまり、かなりの厚着をさせるので、中には雪だるまのように着ぶくれして、身動きができない子どももいる。「子どもは風の子」などといって、冬でもずいぶん薄着の日本の子どもを見たら、彼女たちは仰天するにちがいない。

「お母さん、雪はいつ降るの?」

と言いながら、園庭の霜をジャリジャリと踏み興じる息子の手を引っ張って、車に押し込み、今度は小学校へ向かう。

ダリオの幼稚園から五百メートルほど離れた安奈の小学校は、わが家のような兄弟のいる家庭への配慮なのか、終業が幼稚園より三十分遅いのだ。本当に雪が降ってもおかしくない寒さなのに、子どもたちが待ち望む、積もって遊べるほどの雪は、ノアーレでは一年に一、二回しか降らない。小学校の裏手の駐車場はロッカに続いているから、校門へ続く小道のわきにお堀があるが、その水も真冬の間はほとんど凍ったままだ。あんなにたくさんいたカモたちは、いったいどこでこの寒さをしのいでいるのだろう、と心配になる。やがて、クラスごとに列を作って、小学生がぞろぞろ出てくる。コートのフードをしっかりかぶってマフラーを巻いた安奈は、仲良しの級友と笑顔であいさつを交わしてから、私たちのほうへ走り寄ってくる。

家へ帰る前に、私はよく子どもたちを連れて町で買い物をする。まだ五時にもならないというのに、あたりはすでに薄暗く、商店は明かりを灯し始めている。凍てつく大気の中で、何もかも死に絶えてしまったのではないかと思えるのに、八百屋の店先にはちゃんとさまざまな冬の野菜や果物が並んでいて、命あるものの底力に感心させられる。森の木のような、こんもりとしたブロッコリー。その隣の、これは白い木のカリフラワー。日本語では「ウイキョウ」というらしい、糸のような緑の葉をつけた《フィノッキオ》。南イタリアのプーリア州特産の、青々とした《チーメ・ディ・ラーパ》。赤紫の冬のサラダ菜、《ラディッキオ》。そして果物では、山岳地帯、特にチロル地方で採れる赤や黄色のリンゴ。果肉が血のように赤い、シチリア島産のオレンジ。すっぱいのや甘いのや、大きいのや小さいのが入り混じったミカン。

以前に、春から夏にかけて半年間を日本で過ごしたとき、一家で暮らした大磯の八百屋にブロッコリーが並んでいるのを見て、私はわが目を疑った。

「あれ、ブロッコリーって冬の野菜でしょう?」

といぶかる私に、八百屋の主人は言った。

「えらいね、奥さん、ちゃんと知ってて。今どきの主婦はそんなこと知らないよ。一年じゅうあると思ってるんだから」

いったいどこでどう栽培されたのか、真夏の光の下でしおれた葉をつけた、あわれなブロッコリーを、私は買う気がしなかった。そういえば、私たちがここでは春にしか口にすることのないイチゴも、日本ではクリスマスのころにいちばんよく売れるそうである。十二月十三日に誕生日を迎えるダリオは、イチゴが大好物で、お祝いのケーキの上にイチゴをねだるのだが、十二月のノアーレの八百屋にイチゴなどあるはずもない。困り果てた私は、顔なじみのお菓子屋でやっと、赤いだけで味のない、温室栽培のイチゴを見つけたのだった。日本にいたらきっと簡単に手に入ったのに、と苦笑してしまった。

セリ科の《フィノッキオ》は、全体に独特の芳香があり、白くふくらんだ、こぶし大の果実の部分を食べる。薄切りにして、サラダといっしょに生で食べると、シャキシャキしておいしい。これの厚切りに、ニンニクとパセリのみじん切りを散らして、やわらかくなるまでオリーヴオイルで炒める、という食べ方もある。

《チーメ・ディ・ラーパ》は「カブの先端部」を意味し、カブの実を除いた部分、つまり茎と葉と花のことである。ちょっとほろ苦い味は、日本の菜の花に似ている。これを適当にばらして、さっと湯がき、塩漬けのカタクチイワシとともにパスタに和えるのだ。プーリア州のバーリの名物料理だそうだが、北イタリアに住む私も、冬はよく作る。このときのパスタは《オレッキエッテ》と決まっている。これは「耳《オレッキオ》」の縮小辞で、本当に小さい耳型をしている。赤ちゃんの耳のようにやわらかく、くぼんだ部分にちょうどよく具がからまってくれる。

「根っこ《ラディーチェ》」を語源にもつ《ラディッキオ》も、冬の代表的な野菜である。トレヴィーゾ産、キオッジャ産、ヴェローナ産などがあり、産地によって形が違うが、どれも目に鮮やかな赤紫色をしている。いちばん高価なトレヴィーゾ産のものは、葉がひょろりと細長い。イタリア人はこれを生で食べるより、網焼きにしたり、リゾットやラザーニャに入れたりするほうを好む。トレヴィーゾ産のラディッキオを刻んでリゾットにすると、米がほんのり赤く染まる。やや苦味があるので、仕上げに生クリームを加えるとまろやかになって、子どもたちも喜んで食べる。

キリスト教徒にとっては最大の行事であるクリスマスが近づいても、信者でない私たちは、ふだんとあまり変わらない心境で日々を過ごしていく。夫は生まれたときに洗礼だけは受けているが、今は亡き父親が共産党に傾倒していたこともあって、子どものころからほとんど信仰心をもたずに育った。だから、私たちはヴェネツィア市役所で結婚したし、安奈もダリオも教会とは縁のない環境で生活している。それでも、ノアーレのような、住民のほとんどが信者である田舎町に住み、子どもたちを学校へ通わせていると、キリスト教とまったく疎遠ではいられない。現に私と夫は、一応選択式になっているキリスト教の授業を、小学校でも幼稚園でもそれぞれ安奈とダリオに受けさせている。キリスト教を信仰するかしないか、それともほかの宗教を選ぶかは、本人たちがもっと大きくなってから決めればよいと思う。けれども、イタリアで育つ以上、文化としてキリスト教については知っておくべきだし、キリスト教の授業を選択しない生徒が全校でわずか数人、という状態では、級友たちからの疎外感を招くことになるだけ、と考えたからだ。信者の家庭の子どもたちはふつう、この学校での授業に加えて、町の教会付属施設《オラトリオ》で週に一回、カトリック教理を学ぶ。

十二月も半ばになると、クリスマスを待ち受ける、あのうきうきした、それでいてどこか厳粛な雰囲気が、町じゅうを包み込む。人々は、家族や友人へのプレゼント探しや食料品の買い出しに、商店街をうれしそうに奔走する。安奈の小学校では、キリスト誕生を歌った詩を暗唱したり、部屋や食卓の飾りを工作したりする。一方、ダリオの幼稚園では、クリスマス休みに入る前に、年に一度の学芸会が開かれるため、カメラやビデオを手にした父兄がどっと詰めかける。

二〇〇一年のそれは、「年長組《グランディ》」のダリオの、幼稚園生活最後の学芸会だった。三歳から五歳までの百人近い園児たちが、ふだんは給食を食べたり体操をしたりするのに使うホールに設置された舞台に上がり、満員の観衆の前で劇と歌を披露した。幼い子どもたちが皆で一生懸命に演技したり歌ったりする光景は、何度見ても実にほほえましく、心が温まる。今回の出し物は『冬の贈り物《ドーニ・ディ・インヴェルノ》』という題で、「冬」に扮する銀装束の二人の園児を主役に、ほかの子どもたちが次々と、冬のもたらす「贈り物」を寸劇で紹介していく、というものだった。先生たちが考えたのか、それとももともと台本があるのか、なかなかよくできていて、毎年のことながら感心してしまった。劇のあとの歌も、ありきたりのクリスマスキャロルなどは一曲もなく、全部冬をテーマにした、メロディーも歌詞もかなりむずかしい曲ばかりなのに、この日のために呼ばれたセミプロのミュージシャンたちの伴奏に合わせて、どの子どもも口を大きく開けて一心に歌っていた。

その中の『冷たい冬《フレッド・インヴェルノ》』という歌が、ダリオはいちばん気に入ったらしく、家でひっきりなしに口ずさんでいたものだから、私もいつのまにか覚えてしまった。イタリア語の歌詞はきちんと脚韻が踏んであり、イタリア人の子どもたちはこういう機会に、語彙を増やしたり詩の形式を学んだりするのだな、と納得させられた。

冬はまったく分別のない季節だから

毎朝、霧や雪や氷や霜を運んでくる

でも、クリスマスとベファーナとカーニヴァルも連れてくる
うれしい陽気なお祭りが続くよ、皆でお祝いだ

かわいそうなスズメたちをごらん
マフラーもコートも靴も手袋もなくて、うんと寒いだろうな

自然は眠っている、ちょっと疲れて、でも満足げに
動物たちもちゃんとしたくして、冬の眠りについた

でも、いつまでも続くわけではないよ、この冷たくて灰色の冬は
寒さが行ってしまえば、自然はまた息を吹き返すんだ

かわいそうなスズメたちをごらん
マフラーもコートも靴も手袋もなくて、うんと寒いだろうな

クリスマスの前夜、私と夫には大事な仕事がある。安奈とダリオが寝ついたのを確かめてから、その二週間ぐらい前に彼らに催促されて、あわてて居間に飾ったクリスマスツリーの下に、翌朝の二人の喜ぶ顔を思い浮かべながらプレゼントを並べるのだ。これらのプレゼントは二人の希望をなるべく取り入れて、もちろん事前に買っておくのだけれども、十二月二十五日の朝までは決して二人の目に触れてはいけない。まだ小さいダリオは別として、小学校四年生にもなった安奈は、そろそろサンタクロース神話の真理に気づいてもいいころだと思うが、年の割に幼いところがあって、プレゼントを届けてくれるのは、トナカイにそりを引かせた正真正銘のサンタクロースだ、と信じて疑おうとしない。ここ数年は私たちも、今年こそ最後だろう、と言いながら、娘の無邪気な夢を壊してしまうのが惜しい気がして、かなり核心に迫るような質問をされても、本当のことが告げられないでいる。

クリスマス当日とそれに続く日々は、日ごろのあわただしさとは対照的な、のんびりした気分のうちに過ぎていく。すでに数日前から、私と夫の仕事や子どもたちの学校もしばらく休みになっており、私たちはこの時期にはたいてい、ピエモンテ州のビエッラにある夫の実家を訪ねたり、小旅行をしたりする。大晦日の夜は家族や友人と集まって、愉快に騒ぎ明かすイタリア人が多い。日本にいたら、もう少しあらたまった気持ちで迎えるはずの元旦の朝は、ふだんとほとんど変わらない。
ある年の年末、私たちはジェノヴァへ出かけ、そこで年を越した。ヨーロッパ最大のものだという水族館を、子どもたちといっしょに見学するのが目的の一つだった。粉雪の舞う寒いノアーレを発ち、灰色に凍りついたポー川流域平野を横切って、リグーリア海に面したジェノヴァに入ると、同じ北イタリアとは思えない温和さだった。紺碧の海が、おだやかな白いさざなみを立てて、真冬の日差しの下できらめいていた。ホテルの庭の花壇にじかに植えられたシクラメンが、赤やピンクや白の花をつけているのには、目を見張らされた。毎年冬が近づくと、ノアーレの市場《メルカート》で鉢植えのシクラメンを買い求める私は、日中は窓辺に出しておくが、夜はかならず室内に取り込んでやる。そうしないと、ひと晩で霜にやられてしまうからだ。

年が明けて六日後の一月六日は、「救世主のご公現の祝日《エピファニーア》」である。この祝日は俗に《ベファーナ》と呼ばれ、その十二日前に誕生したキリストを、三人の博士が東方から訪ねてきたことを記念する日だ。前夜、ほうきに乗った醜い老婆、ベファーナが、よい子にはキャンデーやチョコレートなどのお菓子を、悪い子には真っ黒な石炭を、部屋に吊るした靴下の中に届けることになっている。昔の親たちは、子どものお行儀が悪いと本当に石炭を入れたらしいが、今は石炭そっくりの、黒い砂糖菓子がちゃんと売っていて、いたずらっ子はほんの申し訳程度にベファーナから戒められる。

町のヴェンティ・セッテンブレ広場では、この日の夜、それまでクリスマスツリーが立っていたところに、巨大なかがり火がたかれる。おおぜいの観衆が見守るなか、各地区《コントラーダ》ごとに用意された山車《だし》がまず入場する。山車には、たいていは男性がみごとに変装したベファーナが乗っていて、子どもたちにお菓子を配ってくれる。少しでも暖をとろうと、街角で振る舞われる熱い赤ワインを飲んだ大人たちは、星も凍るような寒い冬の夜でもいたって陽気だ。広場の隅に備えつけられたスピーカーから、方言でおもしろおかしく山車の紹介をするナレーターの声が響き、人々の間からどっと笑い声が起こる。やがて積み上げられた木の枝に火が点けられ、天をも焦がす炎が立ち昇ると、あたりは真昼のように明るくなり、かなり離れたところで見物していても、頰がほてるほどの熱気が伝わってくる。空から火の粉や灰が舞い降りるたびに、黒山の人だかりから叫び声が上がる。煙が流れていく方向によって、その年の農作物のできを占うのだそうだ。

この日でクリスマス休みが終わり、翌日からまたふだんの生活が始まる。私も毎年たいてい一月六日に、子どもたちを手伝わせてクリスマスツリーを片づけることにしている。わが家のツリーはあいにく本物ではないから、次の年のためにしまっておくのだ。このささやかな作業は、私が子どもだったころの、桃の節句のあとの光景をなつかしく思い出させる。あのころの私も、今の安奈やダリオと同じように、「また来年ね」と言いながら、母といっしょにひな人形のほこりを払い、木箱にしまったのだった。

　一月のカレンダーをめくってしまうと、もう冬景色にも飽き飽きしてくるけれども、冬はいっこうに去ろうとする気配を見せず、三寒四温などとは程遠い、相変わらず寒い日ばかりが続く。子どもたちが楽しみにしているカーニヴァルは、キリスト復活前の四十日間である四旬節《クワレージマ》に入る前の週に、最高潮に達する。年によって期日が変わるが、たいてい二月だ。とりわけヴェネツィアのカーニヴァルは全国的に有名で、思い思いに仮装した人々が町に繰り出し、陽気に騒ぎながら道を練り歩いたり、広場にたむろしたりする。まるでこの熱気で寒さを追い払ってしまおうとするかのようだ。「カーニヴァルではどんな悪ふざけもかまわない」という言い回しのとおり、このときばかりはだれもが羽目を外すことが許される。カーニヴァルの期間中、子どもたちを電車に乗せて、本場のヴェネツィアへ連れていくこともあるが、ノアーレでも小規模ながらお祭りがおこなわれる。町のカステッロ広場には移動遊園地《ジョストレ》が来るし、中心街では仮装行列が通り、色とりどりの紙吹雪をまき散らしていく。そしてお菓子屋はいっせいに、この時期にしか作らない、いかにも寒さに打ち勝てそうな、甘くてこってりとした揚げ菓子をウィンドウに並べる。

　カーニヴァルが終わって、掃き忘れられた紙吹雪が、道のあちこちで小さな吹き溜まりを作る町は、どことなく所在なげに見える。春を迎えるにはまだしばらく間があるが、かといって冬も、もうそれまでのような主客の座に、どっしりと腰を落ち着けているわけではない。冷たく湿った風の中に、新しい季節がようやく、遅い足取りで近づいているのがわかるのだ。春の訪れを待ちわびる気持ちは日に日に募っていく。

アニーの選択

それは二〇〇〇年の九月のことだった。長い夏休みが終わり、子どもたちの新学期が始まって、あわただしい日常が戻りつつあった。夫は学会で中国へ出かけていた。旧来の友人のアニーから、一通の手紙が舞い込んだ。ウンブリア州のペルージアに暮らす彼女とは、たまに電話をかけ合ったり、旅先から絵葉書を送り合ったりするのがふつうだったから、その白い封筒を郵便受けに見つけたとき、私は首をかしげた。その夏、子どもたちを連れて一時帰国した日本から、浅草の写真か何かの絵葉書を彼女に出したことを覚えていたが、そのお返しにしては封書はちょっと変だった。封を切ってみると、アニー独特の読みづらい筆記体の文字でびっしりと埋まった便箋が、四ページも続いている。

「親愛なるカヤトとグイド、今日はちょっと特別な手紙を書いています」

でその手紙は始まっていた。

「このことに関して、私たちは考え方が違うので、あなたたちが私を理解できるかどうか、わかりません。でも、きっと理解する努力をしてくれる、と確信しています。それは、私たちは真の友情で結ばれており、私があなたたちを大事に思っているのと同じように、あなたたちも私のことを心から気にかけてくれていることを、私は知っているからです」

最後の文には下線が引かれている。異様な書き出しにはっとして、私は急いで読み進んだ。

「とうとう私は、自分を幸せへ導いてくれる、私にぴったりの道を見出したのです。ずいぶん長い間探しました。ほかの道もいろいろ試しましたが、どれも私にふさわしいものではありませんでした。突き詰めてみれば、いつも同じものを探していたわけですが。ご存じのように、私はキリスト教信者です。私はたえず日常生活において、神への敬愛の念を深めようとしてきたばかりでなく、信仰をもたない人たちにもそれを伝えようとしてきました。私がかつて大学で哲学を勉強したのも――グイド、あなたに話したのを覚えているかしら――『真実』とそれを擁護するための論理的な根拠を探求しながら、思想と信仰との間に調和を見出したかったからなのです。（信仰というのは、理性で手に入れる『産物』のようなものでは決してないけれど、そこには理性もやっぱり必要だし、理性の承認がなければ成り立ちません）その意味で、私の今までの人生には、神への敬愛の念を実生活の中で証明しようとしてきた、という一貫性があるのです。私は自分にできる範囲でいろいろやってみましたが、どんなに努力してもじゅうぶんではありませんでした……」

今から三十年ほど前、ペルージア大学で哲学を専攻したアニーは、卒業後も尊敬する指導教授のところへ通って勉強を続けた。イタリアでは今でこそ、大学進学率が上昇し、大学に残る学者の卵たちへの対応策も充実してきたが、そのころ、特に女性が研究者になる道はほとんど閉ざされていた。だから彼女も、学界への未練を残しながら、収入につながる仕事を探さなければならなかった。早く父親を亡くした一人っ子のアニーは、芸術家の母親の面倒も見ていたのだ。外国人大学でイタリア語を教えるアルバイトをしばらくしてから、学芸員の資格をとり、ウンブリア国立美術館に勤めていた。

「そして私の先生が亡くなり、その翌年には母もこの世を去りました。ちょうどそのころ、私は偶然カルメル修道会と出会い、そこでついに今まで探し求めてきたものを見つけました。……実のところ、私はすでに一九七九年に一度、俗界を捨てようかと思ったことがありますが、当時はこの修道会のことを知らなかったのです。……とにかくこの四年間じっくり考えた末、私はカルメル修道女になることを決心しました。今、とても幸せなので、私のことは心配しないでくださいね。事前にあなたたちに何も言わなかったのは、まず私自身が確信を得たかったからです。でも、もう何も迷いはありません。十月十六日にアレッツォの聖マルゲリータ・レーディ修道院に入り、そこで一年の試験期間を過ごすことになっています。すべてうまく行けば、来年は私も正式なカルメル修道女です」

驚きのあまり、手紙を手に思わず声をあげた私を、そばで遊んでいた子どもたちがふしぎがった。アニーが人一倍信心深いことはよく承知していた。ペルージアの聖職者たちとかなり親しくしていることも、教会へ足繁く懺悔《ざんげ》に通っていることも知っていた。けれども、信者でない私たちとも心を開けるだけの柔軟性はじゅうぶんにもち合わせていたし、私の知るかぎり、彼女には人生を楽しむ「俗界の人」のイメージがあった。ただ、神を語るとき、分厚いレンズの眼鏡の奥の空色の瞳は、いつも真剣な光を放っていた。

「職場にはとりあえず、個人的な理由による一年間の休職願いを出してあります。一年が過ぎたら、いったん復職しなければならないのですが、それからすぐ辞職します。こうすることによって、一応まだ向こう四年間、仕事に復帰する権利が維持できるのです。ご覧のとおり、これは決して気まぐれな思いつきなどではなく、うまく行かない場合のこともちゃんと考えたうえで下した決断なのです」

アニーの職場であるウンブリア国立美術館は、ペルージアの町の目抜き通りにあり、私の大好きな、ルネサンス期の珠玉の作品が数多く集められている。アニーは自分の仕事に誇りをもっていたし、サルデーニャ島出身の同僚の一人ととりわけ親しい付き合いがあり、仕事が楽しそうだった。前々から上司とのちょっとした対立をこぼしてはいたが、勤続年数もかなりのものだったから、待遇は悪くなかったはずだ。

「ことがすべて片づいてから、報告しようかとも思ったけれど、私のことを心にかけてくれる人たちに何も言わずに、一年も行方をくらますわけにはいきませんよね。電話で話そうかどうしようか、迷いましたが、まずは手紙で知らせたほうがいいと考えました。……何はともあれ、ついに自分の進むべき道を見つけ出すことができて、私は本当に幸せだということを、あなたたちに知ってもらいたいと思います。この道がちょっと特別であることは、よくわかっています。福音書には『狭き道』と書いてあるけれど、これが私の道なのです」

「私の」にはふたたび下線が引かれている。

「この道を選んだことにより、私は信仰をもたない人たちに対して、またとない方法でキリストの存在を証明することができるのです。彼らは私を見て、信仰というものを考え直すかもしれません。それに、私は宣教師にこそなれませんが、神にたえず敬虔な祈りを捧げることはできます。私が愛する人々のために、そしてこの、もはや理想も信念も失って混乱しきった、あわれな人間社会のために。私の選択は自分の意志を貫くためのものであると同時に、何よりもキリストへの愛によるものです。私がキリストを愛する気持ちは、人間を愛することに通じ、それはまた、キリスト自身が私たちに教えてくれる愛であり、その同じ愛のためにキリストは父なる神の思し召しにしたがったのです」

ここまで読んだところで、私はアニーがまったく理解できなくなっていた。私がよく知っていたはずの、料理や音楽やおしゃれが好きなアニーは、もうそこにいなかった。イタリアというキリスト教国に長く暮らしながら、私はキリストの教えに目覚めたことはただの一度もない。「苦しい時の神頼み」ではないが、困難な状況に置かれたときは私でも何かに祈りたくなる。決して人間の能力を過信しているわけではないし、自然を超えた神秘的な存在を否定もしない。しかし、キリスト教はもちろん、神道や仏教に対しても、私は昔から懐疑的だった。私にはおよそ宗教心というものがないのだ。アニーが入ろうとしているカルメル修道会が、いったいどういう戒律の修道会であるのか、知るすべもない私は、それでも修道服に身を包んだ彼女のすがたを思い浮かべてみた。何だかまったく似合わないような気もしたし、実はずっと前から修道女だったようにも思えた。

「もうこのぐらいにしておきましょうか。また話す機会もあるでしょう。あなたたちがいつかアレッツォに私を訪ねてくれることを祈っています。そう、来年にでも……私のほうから会いに行くのは絶対無理だから……」

老母といっしょに暮らしていたアニーは、とりわけ母親が車椅子から立ち上がれなくなってからは、ほとんど自由がなかった。仕事に出ている間は介護人を雇い、帰宅すると彼女が付きっきりで面倒を見ていた。だから、ペルージアからヴェネツィアへ私たちを訪ねる旅行などできるはずもなく、私たちのほうが、トスカーナ州やウンブリア州を旅行するたびに彼女のところへ寄った。けれども、私たちも下の息子が生まれてから出不精になり、以前ほど身軽に動けなくなっていたところ、もう九十歳近かったアニーの母親が他界した。アニーはしばらく放心状態が続き、電話口で涙声になることもあったが、やがて立ち直ったようすで、そのうちきっと遊びに行くから、という約束が、電話を切るときの決まり文句になっていたのだった。手紙にはそのあと、彼女の消息が知りたければ教えてくれるはずの婦人と、アニーの「保証人」らしきペルージアの高位聖職者の連絡先が記されていた。最後は私たちへの祝福の言葉で結ばれ、「あなたたちをいつも私の心の中に留めておきます」の文句の下に、右上がりの見慣れた署名があった。そして追伸として、私が日本から送った絵葉書へのお礼が述べられていた。

数日後、夫が中国から帰ってくると、私はすぐにアニーの手紙を見せた。アニーはもともと私の友人で、夫は私を通して彼女と知り合ったわけだが、正直なところ、私一人ではどうしていいかわからなかった。彼女が修道院に入る予定の十月十六日まで、まだしばらく間があった。それまでいったいどこにいて、何をしているのだろうか。いろいろ準備もあるはずだし、ちょっと長い旅行に出かける前のように、家の整理でもしているのでは、と考えて、とにかく自宅に電話をかけてみた。けれども、何度かけてもだれも出なかった。私はアニーと直接話したかったから、手紙にあった、ペルージアの教会関係者の婦人に連絡するつもりはなかった。もっとも、実際に話せたところで彼女に何と言えばいいのか、見当がつかなかった。結局、アニーの試験期間中、家の管理なども任されているらしい、この婦人に電話をかけたのは夫だった。夫は、アニーは今、心穏やかであること、ペルージアの修道院に寝泊まりしていて、もう俗界とは接触できないこと、向こう一年間は手紙を受け取ることはできるが自分から書くことはできないこと、などを婦人から聞き出した。私たちからのあいさつを言づけて、夫は電話を切った。

戦場へ旅立つ友人を送り出す人もこんな心境なのだろうか、と私は思った。もし仮に、アニーが急死してしまったとしたら、やはり同じように感じたかもしれない。悲しみこそなかったが、アニーはもうこの世の人ではないように思えた。遠い、果てしなく遠い、私の知らない世界へ行ってしまったのだ。

アニーとはじめて会ったとき、私はたったの十五歳だった。その年、勤めていた大学から一年間の休暇をもらった父が、家族連れでイタリアとイギリスに留学することになった。イタリアへ行くなら、外国人のための国立大学があって、紀元前にはエトルリア文明が栄え、中世やルネサンス期の遺産も豊かなペルージアに、と父は考えた。そして三月中に、まず母と小学生だった弟たちを連れて出発した。ちょうど高校に進学したばかりだった私は、一年間休学することになっていたが、入学式を済ませ、少しだけ通学し、あとから一人で飛行機に乗った。羽田からローマまで、南回りで三十時間以上かかった時代のことである。私がペルージアに無事到着したころには、最初のうちはホテル住まいをしいられた家族は、大学の仲介で見つけたアパートに落ち着いていた。ペルージアの旧市街は中部イタリアの元都市国家の典型で、小高い丘の上にある。ローマの空港に迎えに出ていた父といっしょに、私は鉄道でペルージアに入り、丘のふもとの駅からはバスに揺られて町まで上った。町の大聖堂《ドゥオーモ》前の広場からほど近いところに、私たちのアパートはあった。「カルトラーリ通り二十二番地」日本の友達に宛てた手紙の封筒の裏に何度も書いた住所は、今でもそらで言える。

イタリアの「緑の心臓《クオーレ・ヴェルデ》」と呼ばれるウンブリア州の州都、ペルージアは、フィレンツェのような華やかさこそないが、美しい町だ。赤れんが造りの屋根も、ゼラニウムの鉢を窓辺に飾って開け放った、緑のよろい戸も、不ぞろいな石畳の坂道も、目にするもののすべてが、生まれてはじめて日本の外に出た少女の私には、ものめずらしくてたまらなかった。十五歳の真綿のような吸収力で新しい環境に慣れていくのに夢中で、日本を恋しがっている暇はあまりなかった。そのころ、私はまだイタリア語の「イ」の字も知らなかったから、外国人大学でイタリア語の基礎を習うことになった。外国語といえば日本の中学校で三年間勉強した英語の知識しかなかった私にとって、これはかなり強烈で貴重な体験となった。すでに少しイタリア語ができ、教養科目の授業にも出席していた父と、私は毎朝いっしょに家を出た。私たちはりっぱな噴水のある広場を横切り、アーチの下の急な坂道を下って通学した。弟たちは地元の小学校に入った。家事やまだ幼い弟たちの世話でいそがしかった母は、自分も通学してイタリア語の勉強ができないことを残念がった。けれども週末になると、外国人大学の企画で近郊の町々へのバス遠足があり、よく家族で参加した。

クラシック音楽の好きな両親は、荘重なゴシック様式の庁舎、「プリオーリ宮殿」で催される音楽会にしばしば足を運んだ。ウンブリアの州都とはいえ、片田舎の町にすぎないペルージアに、ピアニストのウィルヘルム・ケンプやルドルフ・ゼルキンといった、私でも名前を聞いたことのある世界一流の演奏家たちが次々と訪れ、父は大満足のようすだった。音楽会はたいてい夜遅く始まったので、私が弟たちと留守番をすることも多かったが、演奏家や曲目によっては父は家族全員を連れ出した。会場に使われた広間にはすばらしい絵画装飾がほどこされており、私ははじめて「フレスコ画」を知った。

ある晩の開演前のことだった。私たち一家の前に座った銀髪の婦人が、しきりに後ろを振り向いては、弟たちに微笑みかけたり、隣の席の娘らしき女性に何やら耳打ちしたりしていた。そのうち、二人で元気にはしゃいでいた弟たちに向かって、にこにこしながら

「坊やたち、かわいいねえ。中国人かな?」

と話しかけてきた。

「前にも来てたけど、音楽が好きなの。えらいねえ」

私にもわかるイタリア語だったが、私はそのころ、習いたてのイタリア語を使うのが恥ずかしくて黙っていた。弟たちも急にもじもじしてしまった。すると父が、日本から家族連れでペルージアに留学してきたことを説明した。ペルージアの外国人大学は、外国人学生にイタリア語やイタリア文化を教える、イタリア唯一の国立大学として名高く、当時でも世界じゅうから外国人が集まっていた。しかし、東洋人はまだめずらしく、白人でない外国人といえばアラブ人やアフリカ人が多かった。それでも、ペルージアに暮らす日本人は何人かいたが、さすがに小さい子どもはいなかった。私たちの前列の二人連れは、東洋人の子どもをはじめて見た、と言って、目を細めたのだった。休憩の間も終演後も、もっぱら彼女たちと父との間でおしゃべりが続いていた。

それが、アニーと母親のミレーナだった。当時二十代後半だったはずのアニーは、金髪でほっそりした体つきの女性だった。若いのに地味な服装をしていて、決して美人とはいえなかった。華やかに装って、気品のある美しい顔立ちの母親と対照的だった。アニーは、細いふちの眼鏡の下の、いかにも聡明そうな瞳で父と私を見つめ、外国人大学で会話のクラスを受けもっているからぜひ遊びに来るように、と言った。ミレーナも父の手帳に自分たちの住所を記し、私たちは再会を約束して別れた。

こうして、この母娘と私たち家族の付き合いが始まった。彼女たちは、ペルージアの目抜き通りをまっすぐ行って、坂道を左右に何度も下ったところに住んでいた。食事に招《よ》ばれて、はじめて彼女たちの家の中に足を踏み入れたとき、私たちは驚嘆の声をあげた。家じゅうの壁という壁が、絵画や彫金画などで埋めつくされていたのだ。家具はどれもりっぱな骨董品ばかりで、その上に彫刻や置物が所狭しと並べられていた。そのほとんどが、ミレーナの手によるものだった。作品の説明を聞きながら、両親はいたずら盛りの弟たちがうっかり何か壊しはしないか、ひやひやしていた。アニーの父親はカプリ島に館《やかた》をかまえた「男爵《バローネ》」だった。チェコスロヴァキア人のミレーナと、どこでどう知り合って結ばれたのか、私は何度か聞いたはずなのに思い出せない。ミレーナが四十歳を過ぎてから生まれた一人娘には、イタリア語ではない「アニー」という名前がつけられた。アニーはカプリ島で幼年時代を過ごしたが、財産をなくして落ちぶれた父親の死後、親類を頼って母娘でペルージアに移り住むことになった。ミレーナは何度か個展も開いたことのある芸術家だったが、それで二人が食べていけるほどの収入はなかったらしい。だから、当時ペルージア大学の哲学科を卒業したばかりのアニーがアルバイトをしながら、二人でつつましく暮らしていたのだった。

私たちはそれから数か月でペルージア滞在を終えた。イタリアを発つ数日前、父がアニーとミレーナを町のレストランに招待した。外はさわやかな秋晴れで、私たちの食卓の白いテーブルクロスには、木洩れ日がちらちらしていた。四人の大人たちが再会を祈って乾杯をくり返すのを、私はちょっぴり退屈しながら眺めた。そのころの私は、弟たちと無邪気にたわむれるわけにもいかず、かといって大人の会話にも加われない、やっかいな年齢だったのだ。もうメロンの季節が終わっていて、前菜の生ハムにイチジクが添えられていたことを、なぜか今でも鮮明に覚えている。

英文学を研究する父は、今度はオックスフォードへ家族を連れて移った。そして私たちは翌年の三月に日本へ帰国し、また元の生活が始まった。私は高校を卒業し、大学では仏文科に進んだ。イタリアを忘れはしなかったが、せっかく基礎をかじったイタリア語も、ペルージアの美しい町並みも、アニーやミレーナのことも、私の頭の中ではだんだんと記憶が薄れつつあった。両親が続けていたはずの、彼女たちとのクリスマスカードの交換も、いつしか途切れがちになっていった。大学四年のとき、私は自分で選んだフランス文学が何となく物足りなくなってしまった。あの年、父に連れ回されて、イタリア各地で目にした、ジョットの壁画やラッファエッロの名作が、まざまざと脳裏によみがえった。イタリア美術史をもっと勉強したい、そのためにまずイタリア語をやり直そう。そう思い立って、私は「日伊協会」のイタリア語講座に通い始めた。そして大学を出た翌年の夏の終わりに、ロータリー財団の奨学金をもらい、イタリアへ留学することになった。

あれから九年の歳月が流れていた。あのころはただ両親のあとをついて行っただけの少女の私だったが、今度は自分の意志で、イタリアの土を踏んだのだ。十一月の新学期からヴェネツィア大学に通うことになっていたが、その前に二か月、フィレンツェの語学学校に入った。その折りにアニーと連絡をとってみると、「ぜひ遊びにいらっしゃいよ」とこころよく誘ってくれた。そこで十月のある日、私はフィレンツェから電車に乗って、ペルージアを訪ねたのだった。静かに降り続く小雨が秋の到来を告げ、透き通った空気の流れる日だった。雨脚が次第に強くなり、雨具のもち合わせがなかった私は散歩をあきらめ、アニーの勧めるウンブリア国立美術館へ行って、作品を一つ一つていねいに見た。ラッファエッロの師、ペルジーノの描いた、涼しい目もとのマリア像に心を打たれた。二時にアニーの仕事が退けるのを待って、いっしょに外へ出た。

ペルージアの町は相変わらず、しっとりと落ち着いた美しさをたたえていた。ただ一つ、大きく変わったことは、高台にある目抜き通りの終着点と、丘のすそ野のほうへ広がる住宅街を結んで、屋根つきの長い長いエスカレーターができたことだった。それも、日本人の建築家の設計で建設された、という話だった。その前の年に交通事故で片足を痛めたミレーナは、杖がなければ歩けなかった。自宅前の道を渡ろうとしたとき、カーブの向こうから出てきた車にぶつかってしまったのだという。

「このエスカレーターができてね、町へ出るのにえらく重宝してるのよ」

と、銀髪がみごとな白髪に変わった彼女は、九年前のままの上品な笑顔を見せた。少し太ったアニーのほうも、化粧っ気がまるでないところや、大きな声でよくしゃべるところは前とまったく同じだった。彼女たちは私の家族の消息を尋ね、アニーのおいしい手料理を食べながら、三人で昔話に花を咲かせた。食後にソファで昼寝をするミレーナを居間に残して、私とアニーは彼女の部屋でおしゃべりを続けた。九年前、人見知りをしていた私が、まだイタリア語はぎこちなかったが、アニーと対等に話ができるようになったのがうれしかった。彼女は外国人大学でイタリア語を教える仕事はもうやめてしまっていた。

「でもね、あそこで知り合った外国人学生たちとはまだ付き合いがあるの。彼らを訪ねて、アメリカにも行ったのよ。もう母を置いては遠出ができなくなってしまったけれど」

そう言って、アニーはちょっと顔を曇らせた。私は自分のこれからの計画を話し、再訪を約束して、暗くなってからペルージアをあとにした。夜のフィレンツェも秋雨が降っていた。

ヴェネツィアでの生活が始まると、なかなかペルージアまで足を伸ばす余裕はなかったが、私たちは時々電話で近況を知らせ合った。留学を終えて日本へ帰国するはずだった翌年の夏、ヴェネツィア大学で日本語を教える仕事にありついた私は、イタリアに残ることになった。ちょうどそのころ、日本の父が、また休暇をとって母といっしょに三か月イタリアへ来る計画を立てていた。十年ぶりにもう一度ペルージアで暮らすことを望んだ両親のために、外国人大学の近くに手ごろなアパートも見つかった。こうして両親とアニーたちとの再会も実現したのだった。両親はアニーへのお土産に、日本から浴衣をもって来た。浴衣といっても、着やすいように上下が分かれた、簡易式のものだったが、アニーは大喜びしてそれを着け、皆で記念撮影をした。今私の手元にある、そのときの写真の中のアニーは、仏像でも拝むように胸の前で両手を合わせ、首をかしげておどけたポーズをとっている。ミレーナは両脇の母とアニーにしっかりつかまって、何とか自分で立っているが、痛めた足は相当悪いようだった。

それから二年後、私がヴェネツィアで結婚したとき、アニーもミレーナも結婚式に出席することはできなかった。祝電が届き、続いてミレーナの制作した置物がプレゼントとして送られてきた。フランスとの国境に近いピエモンテ州生まれの夫は、両親の転勤で幼年時代の二年間を南アフリカ共和国で過ごし、学生時代からヨーロッパ各国や専門とする中国なども訪ね歩いたくせに、「灯台もと暗し」でイタリア国内はほとんど知らず、日本人の私のほうがよほどくわしかった。私がウンブリア州やトスカーナ州のすばらしさを話すと、夫はすぐさま乗り気になり、それからは復活祭休みに車で中部イタリアを巡るのが恒例になった。

春のウンブリア州やトスカーナ州は、絵にも描けないほど美しい。やさしいそよ風が渡っていくオリーヴ畑やブドウ畑、なだらかに連なる緑の丘、そのあちこちに絶妙なアクセントを与えるイトスギの列……。視線を遠くにやると、ちぎれ雲の浮かぶ空の下で石とれんがの塊のように見えるのは、中世の城壁を残す町だ。城門をくぐって町に入れば、五百年も前から広場に建つ教会があり、教会の中にはペルジーノやピエーロ・デッラ・フランチェスカの宗教画があり、その絵の背景にはたった今車の窓から見た風景が描かれているのだ。単調で平坦なヴェネト州の田園風景を見慣れた私たちは、ため息をつきながら、老後はこのあたりに家を買って過ごそうか、などと真剣に考えるほど、この地方に惚れ込んでしまった。

私たちの旅行は、ちょうどあちこちへ足を伸ばしやすい位置にあるペルージアを拠点にすることが多かったから、アニーのところへは宿泊先のホテルから何度も立ち寄った。復活祭の日の昼食はもちろん、一日遠出をした日でも夕食を食べに行かないと二人とも承知しなかった。ほとんど外へ出なくなっていたミレーナは、テラスでの日光浴を日課とし、家の中でも歩行器を使っていた。それでも、私たちに会うときはかならず唇に紅を引き、よそ行きの服を着て、イヤリングやネックレスをつけるのを忘れなかった。

二人にはじめて夫を引き合わせたとき、私はちょっぴり不安だった。敬虔なカトリック信者のアニーとミレーナに、政教分離ができないイタリアの現状にいつも批判的で、一時は共産党員だったこともある夫。ところが、まるで接点のなさそうなこの三人がどんな話をするのだろう、という私の心配は、さいわい無用だった。同い年であることを発見したアニーと夫はすっかり意気投合してしまったし、インテリのミレーナも往年のヨーロッパの話を次々にもち出し、こんなに楽しい時間を過ごすのは本当に久しぶりのことだ、と言った。夫のほうも、個性の強いこの母娘に深く感銘を受けたようすだった。

そのころのアニーは、自分は菜食主義者になっていたにもかかわらず、料理の腕は衰えていなかった。食事前に何か手伝うことはないかと私が台所へ入ると、たいてい足の踏み場もない散らかりようだった。ニンジンのしっぽや卵の殻が転がったままの調理台に向かうアニーは上機嫌で、

「あたしは食べられないけど、これ、どう?」

と言って、私に肉料理の味見をさせたりした。彼女が作ってくれるのは、生まれ故郷のカプリ島の郷土料理とウンブリア州のそれがごちゃまぜだったが、いつもとびきりおいしかった。白いノートの「料理日記」をつけていて、客のあった日の献立を書き留めていた。肉をぜんぜん口にしないのに、なぜか体型がひどく崩れてきたことを、アニーは少しだけ気にしていた。顔や手足はさほど太らなかったが、お腹がたっぷり突き出してしまっていた。私が娘を妊娠していた年の春には、

「これじゃどっちのお腹に赤ん坊がいるんだか、わからないわねえ」

と笑った。

一方、ミレーナが往年どんなに美しかったかは、一家の古いアルバムを見せてもらう前からわかっていた。写真で見るかぎり、男爵の父親も決して醜男ではなかった。それなのに、アニーは、

「あたしはどういうわけか父にも母にも似なかったの。おでこは広すぎるし、鼻はかぎ鼻だし、唇は薄すぎるし、あごは曲がっているし……。小さいときからけっこうコンプレックスだったのよ」

とこぼした。

「でもね、最近はこれでも自分の顔が気に入ってるんだ。メリル・ストリープに似てるってよく言われるんだけど、あなたたちもそう思わない?」

言われてみればたしかに、私も夫も同感だった。四十代になっていたアニーの顔を、味のある、すてきな顔だと私は思った。

何よりもアニーはそのころ、もしかしたら一生に一度の恋愛をしていたのだった。同年代の相手の男性はマウリツィオといって、やはりペルージアに住んでいた。事故か何かで下半身不随となり、車椅子の生活をしている、ということだった。その前年の夏に、いっしょにサルデーニャ島を旅行したときの写真を、アニーは見せてくれた。ちょっと皮肉っぽい笑みを浮かべ

た、がっしりした体格の人だった。特別に改造した車をもっていて、どこへ行くにもその車を自分で運転して行ったらしい。運転をしないアニーは、

「わたしがいなきゃ何もできないんだから、この人は。車の運転以外は全部わたしの仕事なの」

と何だかうれしそうに言った。世話好きであねご肌なところのある彼女にはぴったりの相手だったのかもしれないが、私と夫は思わず顔を見合わせてしまった。このマウリツィオの話は、ミレーナが席を外したときにしか聞けなかった。ミレーナは年を追うごとに、アニーに対する執着心を強めていたから、娘の恋愛が自分の静かな余生をかき乱すことを恐れていたのだった。

「お母さんは本当にやきもち妬きなのよ。あたしは自分を生んでくれた母親を何があっても見捨てたりしないのに」

そう言ってアニーは唇をかんだ。

結局、アニーとマウリツィオはそれからしばらくして別れた。原因は私にも何となく想像できた。その次に会ったとき、彼女は意外にさばさばとして、

「マウリツィオのお母さんが残念がってねえ、時々町でばったり会うんだけど、今でもあたしのこと、自分の娘のように思ってくれてるのよ」

と言った。そして、それっきり二度とマウリツィオの話をしなかった。アニーがせっかくつかみかけた、ぜんぜん別の意味の「幸せ」は、乾いた砂が握った手の指の間から流れ落ちるよ

うに、あっけなく逃げてしまったのだ。それとも、そんなふうに考えるのは、的が外れているだろうか。

私に娘が生まれた翌年の九月、私たちははじめてペルージアではないところで再会した。職場から夏に長い休暇をとるアニーは、ミレーナと二人で、アドリア海沿岸の町、リッチョーネに丸一か月滞在するのが、数年来の習慣になっていた。リッチョーネは、映画界の面々や裕福なイタリア人が夏を過ごす場所として昔から有名で、高級ホテルが立ち並ぶリゾート地である。彼女たちの生活は、アニーの勤務中、ミレーナの介護のために人を雇わなければならなくなったこともあり、経済的には楽ではなかったはずだ。いつだったか、二人の暮らす集合住宅の外壁が塗り替えられることになって、アニーは予定外の出費に頭を痛めていた。それでも、リッチョーネでのヴァカンスは、特に派手好みのミレーナにとってはあきらめられなかったにちがいない。毎年八月、洋服のどっさり詰まった旅行かばんとともに、アニーとミレーナはペルージアからリッチョーネまでタクシーを飛ばした。

一方、私はそのころ、まだ一歳にもならない娘の育児休暇中だったが、たまたま姑がリッチョーネとは目と鼻の先のリミニへ避暑に行くことになり、数日でもいいから娘を連れて合流してほしい、と誘われた。アニーとミレーナにも会えることだし、行ってくれれば、と勧めた夫は、私と娘をリッチョーネに送り届け、一週間後に迎えに来ることになった。こうして私と娘は、アニーとミレーナが逗留していたホテルに落ち着き、数日間いっしょに海岸へ通ったのだった。もう自分の足では歩けなくなっていたミレーナは、車椅子に乗っていた。ホテルを出て数十メートル歩けば、色とりどりのパラソルが埋めつくす砂浜だった。毎夏同じ海岸に長期滞在する彼女たちは、砂浜のそうじやデッキチェアの管理などをしている「海の家」の使用人ともすっかり顔なじみのようすで、冗談を言い合った。ミレーナを乗せた車椅子を砂の上で押すには、彼の手を借りなければならなかった。

ミレーナは老人特有の自己中心的な態度をとるようになっていた。パラソルの下で雑誌を読みながら、甲高い声でしょっちゅうアニーを呼びつけては、座りぐあいを直させたり物を取らせたりした。アニーはそのたびにいやな顔一つせず、「はい、はい」と母親の言うとおりにした。

「赤ん坊もたいへんだけどさ、老人はもっとたいへんよ。わがまま言うからって、お尻を叩くわけにもいかないしね」

とアニーは私にウィンクした。そして、

「ちょっとお母さんのこと、お願いね。遠くにイルカが見えたら、それはあたしだからね」

と言い、砂浜で娘を遊ばせる私と居眠りを始めたミレーナを残して、沖まで泳ぎに行った。

「ほら、こんなにきれいな貝殻見つけちゃった」

長い金髪からしずくを垂らして帰ってくるアニーは、夏の太陽のように明るかった。

海に飽きると、私とアニーはベビーカーと車椅子を並べて、リッチョーネの商店街へ出かけた。

「お宅の赤ちゃんにくらべて、うちのはずいぶん大きいんですの」

とふざけるアニーを、ミレーナが振り返ってたしなめた。しばらく前は恋人のマウリツィオの車椅子をこうやって押したはずのアニーの横顔を、私はちらりと見やったが、彼女は少しもかげりのない表情で、

「ねえ、今あそこのブティックでバーゲンをやってるの。見に行こうよ」

と言うのだった。もう夏が終わろうとしていたから、洋品店や靴屋がいっせいに値下げの張り紙を出していた。アニーは毎年ここで一年分の買い物をしてしまうらしく、自分と母親の洋服や靴を次から次へと買い込んだ。

夕食時になると、着飾った滞在客がぞろぞろとホテルの食堂に下りてきた。昼間はうつろな眼差しを見せることもあるミレーナは、化粧を直して、生き生きとした顔で食卓についた。このホテルには彼女がペルージアで親しくしている人たちも何人か来ていたし、従業員たちも「元男爵夫人《バロネッサ》」に対して慇懃《いんぎん》この上なかったから、ミレーナにとっては自分の家以上に居心地がよかったのだろう。夕食後のロビーで、ウィスキーのグラスを片手にタバコをくゆらせる、車椅

子のミレーナのすがたは、まるで一枚の絵のように、今でも私の目に焼きついている。
姑に孫の顔を見せるため、私がリミニの宿屋へ移った日の夜、私は娘を姑に預けて、アニーと二人だけで音楽会へ出かけた。ハンガリー人のアニーの従兄が、バイエルン国立管弦楽団でヴァイオリン奏者を務めており、たまたまその晩、リミニ郊外の古城で開かれた演奏会に招待してくれたのだった。指揮者はロリン・マゼール、曲目はブラームスのヴァイオリンとチェロのための協奏曲と交響曲第二番。はじめての育児に追われていた私には夢のような音楽会だった。十数年も前にペルージアの音楽会場で出会ったアニーと、こうしてまた耳も心も洗われるようなひと時を共有できて、私は心底うれしかった。その晩はアニーと別れて娘のもとへ帰っても、私の頭の中でブラームスが鳴り続けた。

それからも、少しずつ大きくなっていく娘を連れて、私と夫は何度かペルージアを訪ねた。アニーは私たちの娘を、まるで血のつながった姪のようにかわいがってくれた。ミレーナは目に見えて年老いていき、アニーは母親の世話にますます精を出した。ある年、ペルージアのシンボルである、すばらしい浮き彫りのついた中世の噴水が、はげしい傷みのため、修復されることになり、巨大なガラス張りの覆いがかけられた。きっとミレーナにも、容赦なく過ぎていく時から身を守る覆いが必要だったのかもしれない。やがて息子が生まれ、私たちは恒例のトスカーナ・ウンブリア旅行をひとまず中断した。神戸で震災があったとき、アニーは私の日本の家族の安否を気づかって、真っ先に電話をくれた。その二年後、ウンブリア州も強い地震に襲われ、彼女の職場でも被害があったことを、私はやはり電話で知った。顔を合わせる機会がないまま、こうして月日は流れていった。リッチョーネから毎年受け取っていた、「アニーとミレーナ」の署名のある絵葉書が来なくなり、それからしばらくしてミレーナの訃報が届いたのだった。晩年の母親には本当に手を焼かされた、とアニーは言った。

「でもね、自分の家で死なせてあげられてよかった。それがお母さんのいちばんの望みだったから」

そのころのアニーに直接会っていない私は、彼女の心の変化を想像することしかできない。けれども、仮に会って話す機会をもてたとしても、アニーは私には言わなかったにちがいない。天から自分を呼ぶ声が聞こえることを、そしてその声にしたがおうと考え始めたことを。アニーが手紙の中で書いているとおり、私たちは「考え方が違う」のだ。もちろん私は彼女を「理解する努力」は惜しまないが、どうしても理解しきれないだろうと思う。あの手紙を受け取ってから、アニーが幸せならそれでじゅうぶんなのだ、と私は何度も自分に言い聞かせてみた。しかし、のどに突き刺さった魚の小骨のような引っかかりは、なかなか消えてくれない。いったい何と書けばいいのかわからなくて、この三年間、私はアニーに一度も便りをしていない。

イタリアでの生活が長くなって、私にも信心深い友人が何人かできた。彼らと接しているうちに、私はあることに気づいた。日常生活で何か困難な状況に置かれた場合、たとえば泥棒に入られたとか、子どもの病気で仕事の予定が狂ったとか、そういった小さな「事件」に直面したときに、彼らは宗教心のない私よりずっと、平穏な心を保つことができるのだ。神を敬愛する彼らにも、腹を立てたり、人を恨んだりすることが決してないわけではない。けれども、彼らの心は基本的に、曇りはしても乱れたり荒れたりすることがない。それが信仰による「強さ」なのか、「諦念」なのか、やはり信仰をもたない夫といっしょに、私は時々考えてみる。そして、そんなときはアニーのことがかならず頭に浮かぶ。

アニーがいるはずの修道院のあるアレッツォは、ウンブリア州ではなくてトスカーナ州の町だ。ペルージアからみごとな景観のトラジメーノ湖畔を抜けて、四十キロほど北上したところにある。『美術家列伝』（『ルネサンス画人伝』白水社刊）の著者、ヴァザーリの生まれ故郷でもあり、昔、夫とこの町を訪ねたころ、私はその一部を翻訳する仕事をしていたので、ことさら強く印象に残っている。あの町に修道女のアニーが暮らしているのだ。もしかしたら、彼女はもう町に出る自由を与えられて、ピエーロ・デッラ・フランチェスカの目の覚めるようなフレスコ画、『聖十字架物語』を眺めたり、ヴァザーリ広場を足早に横切ったりしているのかもしれない。

「来年あたり、トスカーナ・ウンブリア旅行を再開したいな。アニーの修道院にも行ってみようよ。きっと喜ぶよ」

と夫に言われて、本当にそのとおりだと私は思った。まだのどのどこかに感じる小骨は、それまでにきっと飲み下しておくつもりだ。

わが友シモーナ

「ああ、今日はずいぶん久しぶりにイタリア語を話したわ。ふだんはね、イタリア語を使う機会がぜんぜんないの。ニュルンベルクにはイタリア人の知り合いもいないし……。でも、さいわい忘れてないみたい。話し出せば、まだまだ何とか出てくるもん」

そう言ってシモーナは、昔と同じしぐさで長い髪をかき上げ、タバコの煙をふうっと吐き出した。煙は少しずつ細くなりながら、四月の午後の薄曇の空へゆっくり上っていった。そのタバコはあのころヴェネツィアで買っていたのとは違う銘柄だったかもしれないが、やはり紙巻きタバコ特有の、きつい匂いが、私の鼻をつんとついた。しばらくぶりに嗅ぐ、なつかしい匂いだった。

シモーナは昔から、片時もタバコが手放せなかった。勉強しているときや絵を描いているときはもちろん、電話をかけながらや料理をしながらでさえ、かならず小さな銀色の灰皿をわきに置いていた。箱入りの既製品は決して吸わず、ヴェネツィアのタバコ屋で、細かく刻んだ袋入りのタバコの葉と、それを巻いて吸うための薄紙を別々に買っていた。私たちがいっしょに住み始めてまもないころ、シモーナがタバコを吸う前の「儀式」を、私はたいへん興味深く眺めたものだ。まず、長方形の薄紙を一枚、ケースから引き出して、テーブルかひざの上に置く。次に、マニキュアを塗った長い爪の指先を袋に突っ込み、ぼそぼそした茶色いタバコの葉をつまみ出す。それから、薄紙の前から四分の一ぐらいのところに、葉を細長く整えながら敷き、それを手前からくるくると巻き込む。そして最後に、赤い舌の先をすうっとすべらせて薄紙の端をぬらし、ぴったり固定する。すると、シモーナのタバコが一本できあがるのだった。お寿司の細巻とまったく同じ原理だな、と私は思っていた。こうして作ったタバコに火をつけながら、

「フィルターなしだから、ふつうのタバコよりも体に悪いんだって」

とシモーナは私に説明した。

「でも、これぱっかりはどうしてもやめられないの」

一九九九年の春、家族で復活祭《パスクワ》の休みをハイデルベルクで過ごすことになった私は、出発する前から、シモーナと電話で再会を約束していた。

「あのね、今度ハイデルベルクへ行くの。そこからあなたのところへ遊びに行きたいんだけど、ニュルンベルクまでそんなに遠くないんでしょう?」

ドイツの地図を片手に私がそう言うと、シモーナは大喜びした。

「それじゃ、復活祭のお昼にうちへ来てよ」

そして後日、ドイツの地理に不慣れな私たちのために、ハイデルベルクからニュルンベルクまでの高速道路のくわしい道順を、ファックスで送ってくれた。

「北の出口から直進。墓地の方向へ右折。近所のガソリンスタンドまで来たら、電話すること」

とあった。

復活祭の日、私たちは朝食を済ませると、ハイデルベルクの宿舎を出た。

「二百キロ足らずの道のりだから、高速に乗ってしまえば、三時間かからないと思うわ」

というシモーナの言葉を当てにして、外出のしたくにはいつも手間取る子どもたちを急かしつつ、車に乗り込んだのは、十時少し前だった。お昼をいっしょに食べる約束には、ちょうど間に合うはずだった。けれども、はじめてドイツを車で旅行する私たちにとって、その計算は甘すぎた。私も夫もドイツ語をまるで知らないため、地名以外のことを示しているらしい道路標識がよくわからなかった。同じヨーロッパとはいえ、勝手知ったるイタリアとは標識の出し方も微妙に違っていて、戸惑わされた。

その上、道もひどく混んでいた。イタリアなら、復活祭の日のお昼前などという時間帯は、まもなく食べることになっている大ごちそうを心待ちにしながら、親戚一同が家の食堂かレストランに大集合して、食前酒でも飲んでいるころだ。だから、あたりは閑散として、外をうろついているのは旅行者ぐらいのはずなのだ。ところが、ニュルンベルクへ向かう高速道路には、どこかへ出かける途中らしいドイツナンバーの車があふれていた。

あちこちで迷った末に、ようやくニュルンベルクの町へ入ったのは、もう二時近かった。お腹を空かせた娘と息子が、「お母さん、まだ？」を連発していた。シモーナの指示どおりに進んでいるのか確かめもせずに、私たちはとにかく車を停めて、シモーナに電話をかけた。そこにはたしかにガソリンスタンドもあったが、シモーナのファックスにあったのとはどうも違うようだった。幹線道路から少し入ったところに小さな木立や緑の芝生があり、子ども連れの家族がピクニックをしたりしていた。数匹の犬が元気に走り回っていた。

「ごめんね、こんなに遅くなっちゃって」

と私は謝り、周りに見えるものを説明した。

「ううん、心配しないで。どこにいるのか、だいたい見当がつくわ。すぐに迎えに行くから、動かないで待ってて」

シモーナはいつもの落ち着いた低い声で言った。私たちは車から降りて、手足の関節を伸ばしながら彼女を待った。

しばらくすると、ペパーミントグリーンとエメラルドグリーンの中間のような、鮮やかな色の車が近づいてきた。シモーナだった。その前の年にノアーレの私たちの家へ来たときに乗っていた真っ赤な車を目で探していた私は、少し当てが外れてしまった。あいさつもそこそこに、私たちはふたたび車に乗り込み、シモーナの家へ向かった。案の定、私たちはまったく見当違いの出口から、高速を降りてしまっていたのだった。ニュルンベルクの旧市街では、古い石畳に市電の線路が縦横に敷かれていて、それをよけて走るのはほとんど不可能だった。タイヤが線路のでこぼこに乗り上げるたびに、車が大きく揺れて、子どもたちは後ろの座席から楽しそうな笑い声をあげた。

シモーナの家は、旧市街の外れの細い路地を入ったところにあった。古びて庶民的な建物の最上階だった。そこに数年前から一人で住んでいた。四階までの薄暗い階段を、私は息子の手を引きながら上った。三階と四階の間の踊り場の壁に、大きな油絵が立てかけてあった。赤っぽい服を着た、長い髪の女が、はす向きに腰かけているところを描いた絵だった。シモーナの自画像だな、と私は思った。階段を上りつめると、クリーム色のペンキで塗られた木のドアに突き当たった。ドアを入ると、私の想像どおり、インドからもち帰った数々の置物、ハーブの植木鉢、色とりどりの細いスカーフ、真鍮細工の小物、ルーマニア製のクッション、それに自作の油絵などが、渾然《こんぜん》と室内を埋めつくしていた。ヴェネツィアで私たちがいっしょに暮らしたアパートでは、自分の部屋だけをこうやって飾り立てていたが、ニュルンベルクのシモーナの家は、浴室さえも彼女の趣味でみごとに統一されていた。

「お腹、空いたでしょう？　もう全部用意はできているの。付け合わせの野菜とお米を温めたら、すぐ食べましょう」

シモーナはそう言って、台所のガス台の前に立った。おいしそうな肉料理の匂いが、家じゅうに立ちこめていた。

「あのね、外のほうが気持ちがいいから、下のテーブルで食事にしようと思って、もう食器は運んであるの」

「下のテーブル」というのは、この建物のわきの小さな中庭に置かれた、十人掛けぐらいの、簡素な木のテーブルのことだった。そこはほかの階の住人たちとの共同のスペースで、気候がいい時期にはよく皆で集まって、飲んだり食べたりするのだ、とシモーナは説明した。そこで、私たちはできあがった料理やパンやワインを手分けしてもち、階段を下りた。中庭には石ころを並べて区切った花壇もあり、遅咲きの黄色いラッパズイセンが満開で、シモーナの「下のテーブル」はなかなかすてきだった。

私たちはさっそく、遅い復活祭の食卓についた。

「復活祭の日ぐらいはちゃんと羊を食べなくちゃね」

とシモーナが私たちのお皿に分けてくれたのは、羊の肉とジャガイモのルーマニア風煮込み料理だった。本当においしくて、朝からこんな時間まで何も食べていなかった私たちはどんどん平らげたが、フォークを口へ運びながら、おしゃべりにも余念がなかった。私とシモーナの間では、ヴェネツィアでいっしょに過ごした日々の思い出話の種が尽きず、彼女に会うのが二度めの夫はもっぱら聞き役に回った。子どもたちは、この「お母さんの昔の友達」をふしぎそうに見ていたが、そのうちお腹がいっぱいになると、地面に転がっていたボールで遊び始めた。

フキ科の野菜の茎が入った、デザートのケーキを食べるころ、建物の入り口の扉が開いて、ほかの階の住人たちが次々に出てきた。シモーナは彼らを一人一人、私たちに紹介した。髪を伸ばし放題の詩人もいれば、赤ん坊を連れた無職の夫婦もいて、シモーナの隣人たちは風変わりな人ばかりのようだった。一人のひょろひょろした青年などは、シモーナに勧められるまま、私たちの横に腰を下ろして、残った肉料理を食べていった。そして、ようやく食事が済むと、シモーナは、あの、私がよく知っているやり方でタバコを一本こしらえて、口にくわえた。

私がシモーナにはじめて会ったのは、一九八六年の秋だった。「ロータリー財団」から一年間の奨学金をもらって、ヴェネツィア大学の美術史学科に通うことになった私は、まずフィレンツェで二か月の語学研修を受けた。それから、十一月に始まる新学期に合わせ、荷物をまとめてヴェネツィアへ移った。二十五歳になったばかりの、これからの自分の人生について、本格的に思索を始めた時期だった。

ロータリー財団の奨学生には、留学先のロータリークラブのメンバーが一人、カウンセラーとしてつき、いろいろ面倒を見てくれることになっている。私のカウンセラーだった、今は亡きヴェネツィアのセランダーリさんは、私が日本にいるうちから手紙をくれて、大学の入学手続きのことなど、親切に説明してくれた。手紙にはまた、

「ヴェネツィアでアパートを見つけるのは、たいへんむずかしい。学生が多い町だから、だれかと同居して家賃を分担するのがいいだろう。今からあちこちに声をかけておく」

とあった。そして、私がフィレンツェに滞在中、

「妻のつてで、よさそうな物件が出てきた。ドイツ人女学生の住むアパートが、ちょうど十一月からひと部屋空くそうだ。私たちの家にも近くて、何かと便利だと思う」

と電話をくれたのだった。私はそれを聞いて、せっかくイタリアへ勉強に来たのに、同居するのがイタリア人ではなくて残念だな、と少しがっかりしてしまった。フィレンツェで二か月同居したのが、やはりドイツ人、それにポルトガル人にスウェーデン人、と皆外国人ばかりだったこともあって、イタリア人と住んだほうが、私のイタリア語も上達するだろうに、という

思いが強かった。

ヴェネツィアへ着いた日、とにかくセランダーリさんに言われたとおり、私は駅から一番の水上バスに乗って、三十分以上大運河《カナル・グランデ》を進み、十六番めの船着場で降りた。その船着場は、「公園」を意味する《ジャルディーニ》という名前で、ヴェネツィアでは貴重な緑の木々が、意図的に植えられた地区にあった。十一月の夕暮れは早かった。私は重い荷物を引きずりながら、公園の並木道を抜けて、右手の路地を曲がった。そして、手に握りしめたメモどおりの番地が書かれた扉を探し出し、そのベルを押したころには、もう日が暮れかけていた。かすかに海の香りのする霞が、あたりを包んでいた。「水の都」ヴェネツィアでは、町じゅうに網のように張り巡らされた運河の水面と同レベルの一階は、湿気が多くて居住に適さない。高潮のときには浸水してしまうこともある。この現象が《アックワ・アルタ》、つまり「高い水」と呼ばれることを、私はのちにシモーナに教わったのだが、私たちのアパートもやはり、幅のせまい、急な階段を上った三階にあった。湿った壁のしっくいの臭いが漂う階段は、その日の朝、小春日和のフィレンツェを発ってきた、やや薄着の私には、何だか底冷えがした。

中からドアを開けて、シモーナが私を迎え入れてくれた。

「シモーナよ。よろしくね」

差し出された手を握り返しながら、私はこの新しい同居人の顔をまじまじと見つめた。何て美人なんだろう、とまず思った。ドイツ人と聞いて、金髪で青い目の、大柄な女学生を漠然と想像していたのに、彼女はぜんぜんドイツ人らしくなかった。肌は透き通るように白かったが、濃いまゆ毛と灰色のアイシャドウを塗ったまぶたの下の、大きな瞳は黒褐色だった。鼻筋がきれいに通っており、ばら色の薄い唇もよくかたちが整っていた。かすかに紅を差してあるらしい頬は、笑うと小さく引き締まった。少しとがり気味のあごが、とてもチャーミングだった。

シモーナ・フェニヴェス。国籍はドイツ人だが、生まれたのはルーマニアのブカレストだった。ヴェネツィアへ来る前は、ルーマニア人の母親と二人でフランクフルトに住んでいた。ユダヤ系ハンガリー人の父親は医者で、やはりフランクフルトに診療所を開いていた。一人娘の彼女は、十三歳までルーマニアで育ったが、両親がドイツに移住することになって、ドイツで高校を出た。その両親は数年前、父親に新しい人ができて別れた。そんなことを初対面の夜、シモーナは自己紹介を兼ねて、私にしゃべった。思いがけないことに、私とシモーナは同い年で、しかも誕生日が、私が十月七日で彼女が十月八日、たったの一日違いだった。シモーナがイタリアへ来たのは、ヴェネツィア美術院《アッカデミア》で舞台美術を勉強するためだった。その年は四年生になる年で、卒業を控えて論文の準備を始めたところだった。

「日本の能って、もちろん知っているでしょう？　私、すごく興味があって、卒論のテーマに決めたの。大家さんから今度の同居人が日本人だと聞いて、とてもうれしかったわ。あなたにいろいろ訊きたいことがあるの」

そう言われて、今までずっと西洋文化に目を向けて生きてきて、日本の伝統芸能のことなど眼中になかった私は、びっくりし、これはちょっとまずいことになった、と思った。


こうして、私とシモーナのヴェネツィア生活が始まった。私たちが実際に同じアパートで暮らしたのは、その十一月から、シモーナがドイツへ帰った翌年の七月半ばまでの八か月あまりだった。長い人生から見ればわずかともいえる期間の、この共同生活を通して、私は生涯の友人を得ることになったのだ。

シモーナはたいてい朝早く家を出た。美術院の授業が午前中だけの日はお昼に帰宅したが、夕方まで帰らない日も多かった。私はヴェネツィア大学美術史学科の講義の中から、興味のあるものを選んで聴講することにした。午後から出かける日もあれば、一時間めが終わってしまうと夕方まで授業がない日もあった。だから、私たちは日中はすれ違うことが多く、顔を合わせるのはたいてい夕食以降だった。その上、私がセランダーリさんの紹介で、サン・マルコ広場のわきの語学学校で日本語を教えるアルバイトを始めると、それは夜間授業だったから、一日じゅうシモーナの顔を見ないこともあった。シモーナのほうも、美術院の教授がトレヴィーゾの郊外にもっているアトリエへ手伝いに行って、たびたび泊まってきたりした。言葉を交わす機会がないままに家を出るとき、私たちは台所のテーブルの上にメモを残し合った。

「アトリエに寄るから、今日の帰りは九時過ぎ。よい一日を。シモーナより」

「フランクフルトから電話があった。明日は一日留守にする。カヤトより」

シモーナの提案で、私たちは食事をそれぞれ別々にすることにした。

「このほうがお互いに気楽でしょう、食べたいものが好きな時間に食べられて」

と彼女は言った。そして、以前ナポリ出身の学生たちと住んだとき、食事を共同にしたら、お腹にたまるナポリ料理に毎晩遅くまで付き合わされてたいへんだった、という話を私にした。

もちろんお互いの食事時間が合えば、いっしょに食卓についた。冷蔵庫や戸棚の中も、それぞれの置き場を決めた。日用品の買い物は先に気づいたほうがして、あとで精算し合った。洗濯も別々にした。台所や浴室のそうじは、必要になると、どちらからともなくほうきやモップをもち出して、たいていいっしょにした。きれい好きなシモーナは、流し台やガス台をいつもきちんと磨いておいてくれたから、私もできるだけ彼女の真似をした。今の私が台所を汚したまま放っておけないのは、あのころシモーナからうつった癖かもしれない。こういう実用的な面でも、シモーナは申し分ない同居人だった。

私がヴェネツィアに着いて間もないころ、この迷宮のような町に不慣れな私を、シモーナはあちこち案内してくれた。「この店はチーズがおいしいの」とか「ここは日用雑貨が安いわよ」

「このバールはサンドイッチの種類が豊富よ」「この文具店ではしゃれた学用品が見つかるわよ」「この食料品店には醤油《サルサ・ディ・ソイア》も売ってるから、よかったでしょ」などと言いながら、私を連れ回すのだが、少しも押しつけがましいところはなかった。シモーナもよく利用するという、いつも割引をしている本屋で、私は彼女に薦められて、アルガンの『イタリア美術史』全三巻を購入した。これは美術史を勉強するイタリア人学生の必読書で、大学の授業についていくのに大いに役立った。

私たちが住んでいたのは、町の東の外れの「カステッロ地区《セスティエーレ》」だった。サン・マルコ広場やリアルト橋という観光客の集中する場所からは遠かったが、ヴェネツィア庶民の活気があふれる地区だった。だから、世界屈指の観光都市に暮らしても、日常生活にはまったく不便がなかった。洗濯物の万国旗がひるがえる下を、子どもたちがにぎやかに自転車で駆け抜けていったり、老人が公園のベンチでのんびりと野良猫にえさをやっていたりする光景を横目で見ながら、私は大学へ通った。

ヴェネツィアの町では、《カッレ》と呼ばれる小路が、網の目のように入り組んでいる。中には、雨の日に傘を開いたままでは通れないくらいせまかったり、人が二人すれ違うのがやっと、というほど細い小路もある。けれども、ほかの町と同じように《ヴィア》と呼ばれる、幅の広い道が、ヴェネツィアにも数本だけある。そのうちの一本、「ガリバルディ通り」は、ナポレオンの命令によって、十九世紀の初めに運河を埋め立てて造られたもので、潟《ラグーナ》に沿った「七人の犠牲者の岸《リーヴァ・ディ・セッテ・マルティリ》」から、東へ向かって五百メートルほどまっすぐに伸びている。この通りの始まりに近い右手の小路を入ったところに、私のカウンセラーのセランダーリさんが住んでいた。セランダーリ夫妻の家は、外から見ると別にどうということはない灰色の建物の二階にあった。しかし、一歩中に入ると、もともと裕福な生まれの夫妻が事業に成功したことを物語る、それは豪華なインテリアのアパートだった。食堂の大きな窓がちょうど潟に面していて、サン・ジョルジョ島が手にとるように見えた。私を何度も自宅へ食事に招《よ》んでくれたセランダーリさんは、その眺めを「カナレットの風景画」と名づけて自慢していた。

そして、このガリバルディ通りが運河にぶつかって終わる地点に、私たちのアパートがあった。そこは小さな広場になっていて、毎朝野菜や果物の青空市が立った。魚を売る露店もあったが、毎日は出ていなかったと思う。ただその日は、十二時を過ぎて、魚屋が屋台をたたんで帰ってしまったあとも、ぬれた石畳から魚の臭いが消えなくて、そばを通るとすぐわかった。私たちのアパートのうち、台所と私の部屋がちょうどその広場側にあったから、毎朝私が窓を開けると、ヴェネツィア商人たちの威勢のよい声や買い物客のざわめきが、怒濤のように流れ込んできた。同時に、ずらりと並んだ白い布張りの屋根の下の、屋台いっぱいに積まれた野菜や果物の赤や黄色や緑が、目覚めたばかりの私の目をまぶしく射た。私はこの瞬間が大好きだった。私もシモーナも、よくこの青空市で買い物をした。ところが、八百屋の主人や野菜を買う主婦の話す言葉は、私が日本やフィレンツェで習ってきたイタリア語とはまったく違っていて、ヴェネツィアへ来たばかりの私にはほとんどわからなかった。シモーナは私の戸惑いに気づくと、

「ヴェネツィア方言よ。特にこの地区は皆こうなの。でも、こっちがふつうのイタリア語で言えば、わかってくれるからだいじょうぶよ」

と私をなぐさめた。

シモーナには母国語といえる言葉が二つあった。ルーマニア語とドイツ語だった。ルーマニア語は第一に母親の言葉だったし、ルーマニアで中学校まで行ったのだから、母親とは当然、いつもルーマニア語を使っていた。けれども、父親の言葉はドイツ語で、フランクフルトの高校ではドイツ語で教育を受けた。単一言語環境で育ち、イタリア語がまだ真の「外国語」の域を出ていなかった私には、想像も及ばない話だった。だからシモーナは、週に一回、と決まっていた両親からの電話には、相手によって言葉を使い分けていた。学費の仕送りをしてもらっている父親とドイツ語で話すとき、彼女はいつも早口だった。毎週の学業の進みぐあいを、ひととおり報告することになっているらしかった。けれども、母親から電話があると、少し甘えた声になって、ゆっくりかみしめるようにルーマニア語を話した。感服とうらやましさの入り

混じった気持ちで、私はシモーナに尋ねた。

「あなたはルーマニア語もドイツ語もまったく同じように使えるの？　それとも、どっちかのほうが楽っていうのがあるの？　ふだんはいったい何語で考えているの？」

彼女の答えにふたたび、私は驚愕した。

「うーん、自分でもあまり意識しないからむずかしいんだけど、感情的なことはルーマニア語を使ったほうがぴったり言えるような気がするの。でも、私のルーマニア語の語彙や表現力は、中学生のときのままなのよ。それに、高校ではいろんなことをドイツ語で習ったから、あれは今からルーマニア語で教わっても、きっとわからないと思うわ。読書もたいていドイツ語だし……。でも、ヴェネツィアにいると、イタリア語で考えごとをすることが多いかな」

実際、シモーナのイタリア語はドイツ語訛りもまったくなくて、少なくとも当時の私には、ふつうのイタリア人のイタリア語と同じに聞こえた。今でこそ私も、やや粗野な響きのあるヴェネト地方の方言なども多少わかるようになったが、シモーナと暮らしていたころは標準のイタリア語がやっとだった。大学の授業も、六、七割聞き取れれば上出来だったと思う。私は彼女に、私が間違ったイタリア語を話したら、かならず訂正してくれるように頼んだ。シモーナはその約束をきちんと守ってくれたから、とてもありがたかった。

シモーナの卒論書きは、十二月に入るとすぐ始まった。家賃が格安だった私たちのアパートには、暖房器具といえば台所のストーブしかなかった。そこで、私たちはいつも台所のテーブルに向き合って座り、勉強したり本を読んだりしていた。能のことを書いた資料には原語のままの語句がいろいろ出てくるらしく、シモーナは時々、私にローマ字書きの日本語を読み上げた。

「アマテラスオオミカミってどんな神様?」

と訊かれて、答えに詰まったこともある。母国の文化に対する無知が恥ずかしくて、私は日本へ帰ったらすぐ能を観に行ってみようと思った。シモーナは日本の伝統美術や建築にも夢中だった。「スミエ」がいちばん気に入っていて、画集をもっていた。イタリアのルネサンス絵画に魅了されて、ヴェネツィアへ留学してきた私との対照が、おかしかった。テーブルの上に広げた、彼女の東洋建築史の本のページを繰りながら、私はこれなら任せてとばかり、

「これがタタミ、これがフスマ、これがショウジ、これがトコノマ」

と写真を指差した。

「日本の昔の家って、本当にすばらしかったのに、どうして今はこういう家が流行らないの?」

シモーナは不服そうな顔をして、私を困らせた。

シモーナがまるで無邪気な子どものように狂喜したのは、私が紙に漢字で「能」それに「世阿弥」と書いてあげたときだった。彼女はさっそく絵筆と黒絵の具で習字の練習を始め、卒論

の表紙には「能」の一字を書くことに決めた。私は日本語の表記について簡単に説明した。漢字とひらがなとカタカナを見比べたシモーナはすぐに、漢字がいちばんすてきだと言った。そして、ぜひとも「シモーナ」を漢字で書いてくれ、とせがんだ。漢和辞典と首っ引きで二人で検討した末に、意味からしても「紫望奈」を当てるのがいちばんいいだろう、ということになった。彼女はいつもくすんだ色の服を着ていたが、紫は好んで身につけた色の一つだった。

シモーナはイタリア語で書き上げた卒論を、やっぱり書き言葉には自信がないから、と言って同級生に見てもらったが、ほとんど直されてこなかった。大人になってから外国語を学ぶとき、いちばん伸びにくいのが、いわゆる「聞く・話す・読む・書く」の四技能のうちの「書く」能力だ、という事実を、私は長いイタリア生活で痛感している。私の場合は、ふだんイタリア語を書く機会があまりないまま、その練習を怠っているせいでもあるが、話し言葉と書き言葉の間に、外国人には越えがたい厚い壁があるのはたしかだ。それだけに、ヴェネツィアにたった四年しかいなかった彼女の、当時のイタリア語の力は、今思い返しても驚嘆に値すると思う。母国語を二つもつ上に、イタリア語を習得し、英語もフランス語もできた彼女には、特別な語学のセンスがあったにちがいない。

ところで、私がヴェネツィアを留学先に選んだのはほんの偶然にすぎなかったのだが、実際に暮らし始めると、私はすぐさまこの町の虜になってしまった。ヴェネツィアを礼賛する気持ちは、この町の共和国《ラ・セレニッシマ》時代の軌跡を知るにつれてますます高まった。かつてあんなに輝かしい歴史が繰り広げられたヴェネツィアの町を、自分の足で歩いていることの幸せに、私はほとんど酔いしれるような気分だった。

はじめて町に濃い霧が下りた日の夕暮れ、私は一人でサン・マルコ広場を歩いていた。いつもは派手すぎるくらいにきらびやかな大寺院がすっぽりと白い霧の中にすがたを隠して、あたりはひっそりと静まりかえっていた。街灯の黄色い光がところどころ、ぼうっとかすむ中を、いくつかの人影が足早に通り過ぎていった。かなり気温は低かったはずなのに、私は少しも寒さを感じなかった。そして、しばらくの間、息を飲んでその光景を見つめていた。水上バスも不通になっていて、私はどこをどう歩いているのかもよくわからずに、家にたどり着いた。ヴェネツィアの美しさに魅了されて興奮気味の私を、シモーナは笑った。

「最初のうちだけよ、霧がロマンチックなのは。ヴェネツィアはふつうじゃ考えられないほど不便な町なんだから」

たしかに、霧や雪やアックワ・アルタのたびに、ヴェネツィアでは日常生活が成り立たなくなってしまうのだった。

ところが、そう言うシモーナも、実はやはりこの町に心を奪われていて、四年のヴェネツィア生活の間に絵葉書をたくさん買い集めていた。その絵葉書は、有名な写真家の撮ったものでもなければ、ありきたりの名所を写したものでもなかった。雪の積もったゴンドラの列とか、太鼓橋の架かる小さな運河とか、浸水した柱廊とか、猫のすがたと井戸のある中庭とか、ごくふつうのヴェネツィアの風景に、シモーナはこだわった。私も彼女にならって何枚も買い求めた。いっしょに町へ出て、私たちが美しいと思ったヴェネツィアの情景をカメラで写したこともある。私たちの好みはよく似通っていて、たいてい同じ場所に立ち止まった。シモーナは美術院を卒業したらドイツへ帰る、と決めていたから、自分の愛したヴェネツィアを、こうして目に焼きつけておきたかったのかもしれない。

写真といえば、よく晴れた晩春の朝に、だれに撮ってもらったのか、ガリバルディ通りの屋台を背景に私たちが並んで写っているものが一枚、私の手元にある。私より少し小柄なシモーナが、美術院へもって行く、大きな絵の入った書類ケースを地面に置いて、半分私のほうを向いている。彼女のつややかで赤銅色の髪が、朝の日差しの中で燃え立つように輝いている。私のまっすぐな黒髪をいつもうらやましがっていたシモーナは、肩まで届く、ウェーブの多い自分の髪を、「ヘンナ」というインド産の染料で染めていた。一か月に一回ぐらい、その粘土状の染料を頭いっぱいに塗りたくり、トルコ人のターバンのようにタオルを巻くと、色がちゃんとつくように、しばらくじっとしていた。もともとの色が濃い栗色だったから、均等に赤くは染まらなかったが、それがかえってすてきだった。

シモーナはたいてい、ズボンか長いスカートをはいていた。父親がインドから買ってきてくれた、くるぶしまであるドレスを着ると、まるでさすらいのジプシー女のようだった。彼女の服や靴や持ち物は、きまってえんじ色や紫、深緑、紺、という地味で暗い色合いのものばかりで、明るい色や白は絶対身につけなかった。

「もし結婚するとしたら、ウェディングドレスは赤にするわ」

といたずらっぽく笑ったこともあった。

油絵を描くのがシモーナの趣味だった。自由に使える時間があると、花や壺などの静物を前に、絵の具だらけの作業服を着て、熱心に絵筆を動かしていた。ドイツへ帰ってから二度、個展を開いたと聞いたし、彼女の画家として腕もかなりのものだと私は思っている。ゴッホやモネに深く傾倒していたシモーナの描く絵は、どれも暗い色使いで重厚な感じがした。私は夏に別れる前に彼女の作品が一枚ほしいなと思ったが、何となく言いそびれてしまった。シモーナのほうも自分の絵を大事にしていたし、ほしいと言われないものを押しつけたくなかったのかもしれない。

シモーナが美術院の教授の一人ととても親しい関係にあったことは、シモーナと同じ屋根の下で暮らし始めてまもなくわかった。その教授はジュゼッペ・フランケッティという名前だったが、周りの人々からは「ポッピ」と呼ばれていた。割合ありふれたイタリア人名の「ジュゼッペ」には、「ベッペ」か「ペッピーノ」、または「ベーピ」という愛称を使うのがふつうなのに、ポッピはめずらしかった。というより、いまだにほかには一人も聞いたことがないから、きっと本人か、本人と懇意なだれかが考え出したものなのだろう。とにかく、この軽快でかわいらしい語感の名前は、シモーナの話にしょっちゅう登場した。ポッピは、妻子と暮らす、ヴェネツィアから電車で三十分ぐらいのトレヴィーゾの町から、美術院へ教えに来ていた。ポッピから電話がかかると、シモーナが電話のそばに置いた灰皿には、たいてい吸殻が何本もたまった。私は別に聞き耳を立てていたわけではないから、話の内容はよくわからなかったが、教授とのおしゃべりにしては、話し込む彼女の横顔が真剣すぎるように見えることがあった。

毎週金曜日の授業のあとに、シモーナとポッピは美術院の近くで食事をすることになっているようだった。シモーナは「今年同居することになった日本人」の私のことも、ポッピによく話していたらしく、私が電話に出てもすぐにシモーナに替わらないで、ポッピと私がしばらく世間話をしたりするようになった。そしてある金曜日、私が二人の会食に加わることになり、私ははじめてポッピと顔を合わせた。そこはヴェネツィアらしい大衆食堂風のレストランで、近くの職人たちの溜まり場にもなっているらしく、入り口近くのカウンターで作業服姿の男たちがワインを立ち飲みしていた。常連のポッピはメニューも見ずに、さっさと私たちの分も注文してくれた。当時三十代後半だったポッピは、シモーナに聞いていたとおり、ひょろりとやせて背が高く、りっぱな口ひげを蓄えていた。大きな目玉をぎょろぎょろ動かしながら話すのが印象的だったが、その話しぶりはいつもユーモアたっぷりだった。東洋文化、特にインド文化に惹かれていて、仏教思想に深い関心を寄せていた。日本のことは好きな菜食療法の食材を通して知っている、と私に語り、宿題の詩を暗誦する小学生のように少しはにかみながら、トウフ、ミソ、ウメボシ、ワカメ、コンブ、ノリ、ヒジキ……と言い並べてみせた。

ポッピはほかの仲間たちと共同で、トレヴィーゾの郊外にアトリエを開いていて、イタリア各地の劇場から注文を受け、演劇やオペラの舞台装置を制作していた。そこへ私も連れて行ってもらったことがある。アトリエといっても、それは巨大なテント小屋のような建物で、舞台監督や画家、脚本家、衣装方、といった職種の人たちが、床に置かれたセットの間をいそがしそうに行ったり来たりしていた。ポッピが美術院で特に目をかけている学生が数人、そこに呼ばれて、制作の見習いをしたり、雑用を片づけたりしていた。そして、ミラノのブレラ美術院で同級生だったというポッピの奥さんも、そこで働いていた。シモーナはそのアトリエに頻繁に出入りして、ポッピの仕事を手伝っていた。授業の帰りにアトリエへ行ったきり、ヴェネツィアへ帰ってこない日もあった。

私とシモーナは、勉強の合い間や夕食のあとによくおしゃべりをした。お互いにあまり金銭的な余裕のない学生の身だったから、外へ遊びに出かけることはまれだった。私たちのおしゃべりは、学校のことやそのころ付き合いがあった人たちのこと、ドイツと日本の風習の違い、将来の希望など、たいていたわいもない話だったが、どちらにとっても楽しい時間だった。もっとも、当時の私のイタリア語は未熟だったから、私が聞き手になることのほうが多かった。

そんなある晩、シモーナはおいしい白ワインが手に入ったから、と私にもグラスを差し出し、ふと告白めいたことを口にした。

「私ね、去年までレンツォっていう恋人がいたの。ポッピの親友の画家で、アトリエで仕事をしていた人なのよ。今までいちばんの大恋愛だったんだけど、別れることになっちゃって……。本当につらくて、去年の今ごろは泣いてばかりいたの」

静かに語るシモーナの大きな瞳は、かすかに潤んでいるようだった。いつもしっかりしていて、年よりもずっと大人びた彼女がはじめて見せた弱みに、私は胸をつかれた。

けれども、私に出会ったころのシモーナが、その痛手からずいぶん立ち直っていたのはたしかだった。それがポッピのおかげらしいことに、私はうすうす感づいていたが、面と向かって彼女を問いただそうとは夢にも思わなかったし、シモーナも私に何も言わなかった。ただ、ポッピに会う日のシモーナは、どこか華やいだところがあって、ふだんよりいっそう美人に見えた。そんな事実を目の当たりにしながら、私は二十五歳の若い倫理観で、二人を頭の中で結びつけるのを故意に避けていたように思う。それは、私が一度だけポッピの自宅へ行って、ポッピの家族に会ったせいかもしれない。ある日、ポッピはアトリエで働く学生たちを夕食に招び、シモーナに私もぜひ連れて来るように言った。その晩は夕食後にヴェネツィアへ帰るのは無理だったから、私たちはポッピの家に泊まることになっていた。そこで、私は歯ブラシやパジャマをかばんに入れて、シモーナとトレヴィーゾ行きの電車に乗った。そして、フランケッティ家の広々としたアパートで、ポッピの家族に引き合わされたのだった。

ポッピの奥さんのグラツィエッラはポッピと同い年で、小柄で金髪の女性だった。ひどくやせていて、冴えない顔色をしていた。若く結婚した二人には、高校生の女の子と小学生の男の子があった。シモーナがグラツィエッラとも親しくて、グラツィエッラが時々、年下のシモーナに何か相談ごとさえ持ちかけていたことを、私はシモーナから聞いて知っていた。二人の子どもたちも、シモーナを姉のように慕っていた。私はその日、シモーナがこの家族の一員同様の扱いを受けていることを、この目で見た。洗面所のコップの中にシモーナの歯ブラシが置いてあることも、子ども部屋の空きベッドがシモーナの寝場所に決まっていることも、その日に知った。

よく考えてみれば、グラツィエッラが、そのころの夫と夫の教え子の特別な関係に気づいていないはずがなかった。ポッピとの結婚生活は、もしかしたらシモーナが現われる前から破綻していたのかもしれないし、若くて美しいシモーナの登場を、仕事や子どもたちの世話に追われるグラツィエッラが、それほど苦痛も感じずに受け止めていたのかもしれない。シモーナには少しコケティッシュなところがあって、あるとき私にこう言った。

「銀行とか、郵便局とか、窓口がいくつかあるような場所へ行ったらね、私はかならず男の従業員のいる窓口に並ぶの。男の人のほうが、絶対私に親切だから」

自分の女としての魅力をじゅうぶん承知していたシモーナと、やせぎすで、いつも不平ばかりこぼしているような顔のグラツィエッラを比べたら、どうしてもシモーナに軍配が上がってしまうことは、火を見るより明らかだった。

ポッピはイタリアのどこかの町の劇場へ仕事の交渉に行くとき、たいていシモーナを同伴したが、それをグラツィエッラに隠し通せたはずもないと思う。けれども、かならずしも日帰りではなかった、そういう小旅行から帰るたびにシモーナは、卒業したら絶対ドイツへ帰って働きたい、と私に言った。イタリアの劇場には、どこか彼女がなじめないところがあるらしかった。才能のあるシモーナを自分のそばに引き止めておきたかったのは、むしろポッピのほうだったと思う。彼女が望めば、アトリエに残ることもできたし、イタリアのどこかの劇場に雇ってもらう可能性もあったはずだ。それなのに、シモーナは卒業と同時に、ポッピのもとを離れて、自分の足で歩くことを選んだのだった。

卒論も無事提出して、シモーナが卒業を間近に控えた六月の中ごろ、ポッピは例によってシモーナとスペインへ旅立つことになった。バルセロナのリセオ劇場にかかったオペラの舞台装置を任されて、その下見と打ち合わせに行くのだった。

「ねえ、ポッピが、よかったらあなたもいっしょにバルセロナに来ないかって。二泊三日のちょっとハードな旅行だけど、車の席もあるし、ポッピが仕事の間、私たちは二人でバルセロナ見物ができるわよ」

シモーナにそう言われて、ガウディの建築が見たくてたまらなかった私は、一も二もなくその誘いに乗った。出発の日の明け方、ポッピとの約束どおり、私たちはまだ暗いうちに起きて水上バスに乗り、ヴェネツィアで唯一の車の発着点であるローマ広場へ行った。そこまでポッピが迎えに来てくれることになっていた。ヴェネツィアを出てしばらく走ると、車の窓からあんず色の朝焼けが見えた。ポー川の流れるロンバルディア平野を横切って、ジェノヴァを過ぎると、やがてフランスとの国境だった。延々と続くフランスの海岸線や田園風景を、ポッピの車の後部座席でゆったりと足を伸ばして眺めているうちに、早起きをした私はうつらうつら眠ってしまった。けれども、助手席のシモーナはちゃんと眠らずに、ポッピの相手をしているようだった。ヴェネツィアから千四百キロも離れたバルセロナへの到着を、その日の夕方に予定していたポッピは、ひたすら車を西へ飛ばした。

フランスとスペインの国境で、車の中をのぞき込んだ税関の役人が、ポッピと何か言い合っているのが聞こえて、私はあわてて身を起こした。車が走り出してから、ポッピは、

「税関のやつ、『お嬢さんを二人もさらって、いったいどこへ逃げる気かい?』だってさ。ぼく、そんな悪党に見えるかな」

と言って、口ひげを引っ張りながらクックッと笑った。たしかに、のっぽでぎょろ目のポッピと、赤毛のジプシー女のようなシモーナと、東洋人の私、という組み合わせは、人目には妙に映ったにちがいない。

バルセロナの町へ入ったのは、もう夕刻を過ぎていた。南国の初夏らしく、軽やかで気持ちのよい風がそよぎ、柑橘類《かんきつるい》の香りが街角に漂っていた。私たちのホテルのある大通りの遊歩道をまっすぐ行くと、バルセロナの港に突き当たった。細かい白波の立った黄昏《たそがれ》時の海を背景に、大きな船が何隻も停泊しているのが見えた。私たち三人は近くのレストランで夕食を済ませると、ホテルへ戻った。ポッピの名前で、部屋が二つ予約されていた。フロントで鍵を受け取ったシモーナは、

「じゃ、私とポッピはこっちの部屋にするわね」

と言って、ごく自然な態度で二つの鍵のうちの一つを私にくれた。

翌日、私とシモーナはポッピをリセオ劇場へ見送ってから、バルセロナの町を歩いた。何よりも先に、二人ともいちばん見たかったガウディの聖家族教会《サグラダ・ファミーリャ》へ行った。にょきにょきと空へ伸びる四本の巨大な塔と競い合うかのように、今も建設中であることを如実に示すクレーンが高くそびえ立っていた。その光景は、静的で完成されたヴェネツィアの建築群を見慣れた私に、新鮮な感動を呼び起こした。シモーナも同じ気持ちだったらしく、私たちは長い間、教会前の広場にたたずんだ。ポッピは一日じゅう劇場にこもっていたが、仕事はうまく片づいたようだった。翌朝、私たちはヴェネツィアへの帰途についた。高速道路を滑るように進んで行く車の中で、黙りこくったポッピとシモーナが手を握り合っているのが、私の席から見えた。見てはいけないものを見てしまったような気がして、私は思わず目をそらした。

バルセロナから戻ると、いよいよシモーナがドイツへ帰る日が近づいた。私たちはリド島へ海水浴に行ったり、近郊のパドヴァを訪ねたりして、最後の日々を過ごした。ロータリー奨学生の期間を終えた私に、その年の秋からヴェネツィア大学で日本語を教える話がもち上がり、七月末に日本学科長と面会することになっていた。シモーナがいなくなったら、私一人には広すぎるカステッロ地区のアパートには、八月から家主の親戚が住むことになり、私は、セランダーリさんの次男が所有する、サン・マルコ広場の横の小さなアパートで一人暮らしを始めることに決めた。シモーナは、四年間のヴェネツィア生活で使った身の回り品を、段ボール箱に詰めては私といっしょに郵便局へ運び、次々にフランクフルトへ送り出した。まるで晩秋のポプラが葉を落とすように、私たちのアパートから彼女の本や絵がどんどんなくなっていくのを、私は寒々とした思いで眺めた。

出発の日、シモーナをヴェネツィア駅へ見送ったのは私一人だった。ポッピはたしか仕事で、どこか遠くへ出かけていた。美術院でのシモーナは、たいていの同級生より年上だったし、あまり社交的でもなかったから、ほとんど友人と呼べる人がいなかった。「フランケッティ先生の愛人」という立場も、きっと彼女を教室で孤立させたにちがいなかった。荷物を車内に運び込むシモーナを手伝って、私もいったん電車に乗った。大きな二つの旅行かばんを網棚に載せてしまうと、私たちは再会を誓って肩を抱き合った。発車のベルが鳴り、私はあわてて電車を降りた。窓から手を振るシモーナがすっかり見えなくなるまで、私は広いホームに一人で立っていた。

星占いを信じていたシモーナは、同じ年の同じてんびん座に生まれた私たちの性格や運勢に、きっと共通点がたくさんあるはずだ、と本気で考えていた。彼女にかぎらず、ヨーロッパの女性は何かと星座を気にする傾向があり、「私はてんびん座だから、絶対こんなことはできないの」とか、「やっぱりあなたもてんびん座ねえ、そんなふうに考えるなんて」などとしばしば口にするシモーナにも、私はじきに慣れた。たしかに、私たちは日本とルーマニアの時差を考えたら、ほとんど同じころにこの世に生を受けたわけで、「同じ星の下に生まれた」とは、まさにこのことかもしれない。迷信をあまり信じない私にも、シモーナと私がこうして出会ったのは、何か目に見えない手による導きのように感じられないこともなかった。

けれども、一九八七年の夏にヴェネツィア駅で別れてからの私たちは、それぞれまったく別の人生を築いていくことになった。ニュルンベルク国立劇場に舞台装置家として就職したシモーナは、劇団の巡回公演に付き添って、ヨーロッパじゅうをいそがしく飛び回っていた。そのようすは、一年に何回かはイタリアにもやって来て、仕事先からかけてくる電話で知った。ポッピが妻子を置いて家を出たことも、そのときに聞いた。一方、私のほうは職場で今の夫と知り合って結婚し、ヴェネツィアから十五キロほどの、ノアーレという小さい田舎町の家に移った。ヴェネツィアで挙げた結婚式にはもちろん彼女を招待したが出席できず、お祝いに、赤と黒のルーマニア製のクッションカバーが送られてきた。それはとても頑丈な厚手の布でできていて、私は今も食卓のいすに使っている。私と夫とシモーナとポッピの四人で、一度だけトレヴィーゾの郊外で食事をしたことがある。ポッピは、

「シモーナの話は『あれ、ほら、あれよ』ばっかりで、ちっとも先に進まないんだから」

と言って、イタリア語を忘れ始めたシモーナをからかった。

やがて私は母親になり、シモーナのこともだんだんと頭から離れていった。あんなに私を夢中にさせたヴェネツィアも、いつしかただ仕事に通うだけの町になってしまった。ずっと一人のままのシモーナは、私の誕生日にはかならず、あのなつかしい字でカードをくれた。私はそれすらしばしば忘れてしまい、クリスマスに娘の写真といっしょに、近況を書き送ったりした。再会を祈りながら、なかなかその機会が訪れないままに、何年か過ぎた。シモーナの仕事は順調で、初めは三年のはずだった劇場との契約を更新し続け、相変わらずニュルンベルクにいた。仕事が休みのときは母親と旅行に出かけるらしく、モロッコやキューバから絵葉書が届いたりした。私はそれから息子も生まれて、ますます身動きがとれなかった。私の娘が結婚する前にはまた会おうね、というのが、お互いにあわただしい日々を送る私たちの間の、冗談のような約束だった。

ところが一九九八年の十月初めに、突然シモーナから電話があった。

「昨日から、トレヴィーゾの郊外のレンツォのところにいるの。あと何日かいるんだけど、帰る前にあなたの家へ遊びに行っていいかしら？　車で来ているから、楽に動けるの」

私は二つ返事で承諾し、ノアーレまでの道順を教えた。約束した日、私は二歳前の息子をベビーシッターに預けていたから、シモーナが到着してまもなく小学校から帰宅した娘と、私たちは三人で食卓を囲んだ。七、八年会わない間に変わっていたのは、シモーナの髪の色だった。

白髪がちらほら生え始めて、彼女は髪を赤く染めるのをやめていた。

「これで染めると、白髪がまるでニンジン色になっちゃって、ますます目立つのよ」

とシモーナは、茶褐色ともグレーともつかない自分の髪を触りながら説明した。彼女はその年にとうとう劇場との契約が切れてしまい、失業中だった。だから、毎日絵ばかり描いているうちに、急にイタリアが恋しくていても立ってもいられなくなり、一人でドイツから車を飛ばして来たのだった。

シモーナのイタリア語は、昔ほど流暢ではなかったが、私たちはヴェネツィアでの共同生活の思い出話に花を咲かせた。

「ねえ、今でもご飯を炊くときは、おなべに指を立てて水加減を決めるの？」

とシモーナに訊かれて、そういえば炊飯器をもっていなかったあのころはそうしていたっけ、と思い出した。

「ところでポッピはどうしているの？」

という私の質問に、シモーナはクスクスとおかしそうに笑った。

「ポッピはね、最近孫ができたのよ。もうおじいちゃんよ」

あのころ高校生でシモーナによくなついていた、短い金髪の少女の顔が頭に浮かんだ。あの子がもう母親になったなんて、ずいぶん時が経ったのだな、と私はしみじみ思った。

「あなたはずっと一人でいるの？　赤いウェディングドレスはいつ着るの？　男の子を一人産みたいって言ってたじゃない」

私もシモーナを冷やかした。

「ギタリストと三年いっしょに暮らしたんだけど、去年別れたの。一日じゅうギターばっかり弾いているもんだから、よくけんかになってね、私が絵を描いているときはやめてって言ってやったのよ」

彼女の返事は少しも屈託がなかった。私も昔、カンヴァスに向かう彼女の横で、大学のオーケストラで弾いていたチェロをたまに鳴らしていたことを思い出して、苦笑してしまった。シモーナとの話の合間に、私が娘と日本語で何か言い合うのを、彼女はそれが当たり前だという顔をして聞いていた。

「母親はどこにいても、子どもとは自分の母国語で話すのがいちばん自然よね。私も母とは一生ルーマニア語を使うわ」

というシモーナの言葉に、ふと私は、三十年後の私と娘はいったいどこにいて、どんな関係なのだろうかと考えた。その日は、今度はドイツでも会えるといいね、と言って別れた。そして、その機会は意外に早く訪れ、翌年の春に私たちのニュルンベルク行きが実現したのだった。

遅い復活祭の昼食が済んでからも、うららかな春の陽気の満ちる、シモーナのアパートの中庭に、私たちはしばらくとどまっていた。シモーナは、その日に私がプレゼントした画集のページを熱心に繰っていた。それは、私がその年の初めにミラノで観た北斎展のカタログだった。やがて私たちは、午後の間じゅう差したりかげったりしていた薄日が、もうかなり傾いているのに気づいた。真っ暗になる前にハイデルベルクへ着くためには、そろそろ帰り支度を始めなければならない時間だった。私は食器を片づけるシモーナを手伝って、いっしょにまた階段を上った。さっきも見た大きな油絵の前に来たとき、私は尋ねた。

「これ、自画像でしょう？　いつ描いたの？」

「ううん、これはね、昔ポッピが描いてくれたの」

シモーナはそれ以上何も言わなかった。全体的に暗い色使いの油絵の中の、はす向きに座った女に、私はもう一度目を凝らした。白い女の顔が黒っぽい背景から浮き出していた。女の瞳は、すぐ前で絵筆を動かすポッピではなく、もっとずっと遠くを見つめているようだった。シモーナそっくりにも見えたし、まったく別人のようにも見えた。

台所の流しまで食器を運ぶと、そのわきに色とりどりの卵がいくつも入ったかごが置いてあった。シモーナの作った復活祭の卵だった。シモーナはその翌日の晩、長距離バスで母親とブカレストへ発つことになっていた。ルーマニアではギリシア正教の復活祭を祝うので、カトリックの復活祭より何日か遅いとのことだった。母親の実家では、シモーナをとてもかわいがってくれた祖母が今も健在だった。卵のかごは、その祖母へのお土産だった。ヴェネツィアでも復活祭の前に、シモーナはこうしてなべに染料を入れて卵をゆでていた。すると、殻の下の白身までほんのり染まった、赤や黄色や青や緑のゆで卵ができあがるのだった。シモーナと暮らしたあのころのことを、私は決して忘れないだろう。そして、シモーナときっといつまでも友人でいるだろうと思った。こんなにたまにしか会うことがなくても、顔を見れば一瞬のうちに心が通じてしまう、何かふしぎな引力のようなものを、私は彼女との間に感じとっていた。それはシモーナも同じ思いだったのか、下へ降りる前に私を見つめて微笑みながら、ぽつりと言った。

「私ね、あなたが私の名前を漢字で書いてくれた紙、まだ大切にもっているのよ」

二〇〇〇年の十月七日は朝から冷たい雨が降っていた。私が風邪気味の息子の相手をしながら、家事を片づけていると、電話が鳴った。

「お誕生日おめでとう!」

シモーナの少し笑ったような声が、受話器から聞こえてきた。またもやシモーナにお祝いのカードを送りそこなった私は、翌日電話でお祝いを言うつもりだったから、先を越されてしまったのだった。

「このごろほとんど外へ出ないの。今日はこれからパンを買いに行かなくちゃならないんだけど、寒くなってきたし、こっちも雨で憂鬱だわ」

シモーナはため息をついた。相変わらず仕事運に恵まれず、家にこもって絵を描いているのだった。かなり気落ちしているようすが受話器の向こうから伝わってきて、私は少し心配になった。

「明日はどうするの?」

「うん、何もしたくなかったんだけど、下の連中がどうしてもって言うから、やっぱりパーティーをすることにしたの。今日じゅうに準備を全部しちゃおうと思って、今料理を作っているところなの」

春にニュルンベルクで会った、風変わりなシモーナの隣人たちの顔を、私は思い浮かべた。そして、いっしょに暮らす家族のいない彼女が、一人で誕生日を過ごさないことを知ってほっとした。

電話が切れてから、不意にある考えが私の頭をかすめた。シモーナがあまり外へ出ないのは、階段の踊り場に置かれた、あのポッピの描いた絵のせいではないだろうか。彼女が家のドアを開けて下へ降りるとき、かならず目に入ってしまう、あの油絵の女の眼差しの中に、シモーナのこれまでの人生が凝縮されているような気がした。

「あんなところにいつまでも過去の亡霊を飾っておいちゃだめよ」

私は心の中でそっとシモーナにつぶやいた。

もう一つの母国語

電球を替えるのに使ったはしごが、ガレージのドアに立てかけたままになっていた。裏口のガレージから庭へ遊びに出ようとした娘の安奈が、私を呼ぶ。

「ねえ、お母さん、この階段、じゃまだからどかしてよ」

「えっ、階段？　階段なんてどうやってどかすのよ」

台所にいた私は一瞬だけ料理の手を止めるが、ガレージへ行くまでもなく理解する。

「ああ、はしごでしょう？　階段は家の二階や三階へ行くのに使うものよ。これは日本語ではね、はしごっていうの」

「そう、はしご、お母さん。はしごをどかしてほしいの」

安奈は素直に言い直すが、「階段」も「はしご」も、イタリア語なら《スカーラ》で事足りるのである。

階下にいる私の耳に、二階の子ども部屋から息子のダリオがバタバタと走り出るのが聞こえ、それから何かが落ちる音もする。

「ああ、スリッパ落としちゃった。迎えに行かなくちゃ」

「あのねえ、ダリオ、スリッパみたいなものは迎えに行くんじゃなくて、取りに行くの。迎えに行くのは人よ」

イタリア語にはこの区別がないから、間違えるのも仕方ないかな、と私は苦笑する。それでも、

「お母さんはいつもあなたたちを学校へ迎えに行くでしょう？　取りになんか行きませんよ、荷物じゃあるまいし」

と、たいして聞いているようすもないダリオに、くどくど付け足さずにはいられない。

待ちに待った夏休みの初日、遅い朝食のテーブルで、安奈が顔を輝かせて言う。

「今日から新しい命が始まるんだよね」

「えっ、命？　何の命のこと？」

虫の卵でも孵《かえ》ったのかと思ってしまうが、彼女が実は生活と言いたかったことに、私はすぐ気づく。イタリア語の《ヴィータ》という言葉は、日本語では細かく使い分けなければならない。「命」も「生活」も「人生」も「寿命」も、イタリア語ならこの一語で済んでしまうのに。

ある午後、居間のソファでサッカーの試合中継を観る夫の横に、ダリオが座っている。私もつくろい物をしながら、テレビに目をやると、わが家の窓の外は好天なのに、選手たちはずぶ

ぬれになってボールを追っている。はげしい雨脚が画面を斜めに走る。

「お母さん、これ、どこで遊んでるの？　イタリアじゃないよね、ここはお天気いいから」

私はぷっと吹き出してしまう。

「遊んでなんかいないわよ、真剣に勝負してるんだから」

「だって、イタリア語で《ジョカーレ》っていうよ」

ダリオは不服そうな顔をする。そうか、彼にとってサッカーはどっちみち「遊び」だな、と思いながら、

「あのね、この人たちは大人でプロだから、遊んでないの。サッカーはやってる、でいいかな。プレーしてるともいうけど」

と、私は一応説明しておく。


子どもたちと私の間の日本語の日常会話は、イタリア語の影響を受けた、こんな楽しい誤用であふれている。イタリア生まれ、イタリア育ち、父親がイタリア人、一歩家の外へ出ればイタリア語、という環境で生活する彼らに、母親の私は頑として日本語しか使わない。彼らもさいわい、私と話ができないほど言葉に詰まったり、日本語を拒絶したりしたことは一度もなく、二人がそれぞれはじめて言葉を覚えた日から、安奈が十歳半、ダリオが六歳半になった今日ま

で、私とは日本語を使い続けてきた。

けれども、イタリアで暮らす私たち三人の間の共通語が日本語だと、時には面倒なこともある。父親をはじめ、彼らの遊び仲間や家族の友人など、日本語を解さない人々が、私たちの会話に加わると、安奈とダリオには決してイタリア語で話しかけないことにしている私は、同じことを日本語とイタリア語で二度言わなければならない。もっとも、夫はこんな状況には慣れっこである。長年私たちの会話を耳にしてきた成果もあって、日本語をきちんと勉強したことがないのに、私がイタリア語で言い直すまでもなく通じていることも多いし、たいてい子どもたちが「通訳」をしてくれるから、あまり問題がない。

ところが、中には、私と子どもたちが何か他人には聞かれたくない隠しごとをしているように感じたり、疎外感を覚えたりする人もいるらしい。たとえば、ふだんはピエモンテ州で一人暮らしをしている姑が、わが家に数日間遊びに来たとする。彼女と子どもたちと私の四人が顔を合わせていて、つい親子三人の会話が日本語だけで弾んでしまうことがある。ふと気がつくと、つんぼ桟敷に置かれた彼女は、手もち無沙汰に口を「へ」の字に結んでいる。こんなとき、私は少し気を使わざるをえない。子どもたちとの話をそこそこに切り上げ、姑にイタリア語で話しかけたり、子どもたちを、

「あ、それはおばあちゃんに聞いてごらん」

と差し向けたりする。そもそも彼女は、初孫の安奈が生まれたとき、日本語で子どもに接する私を見て、混同してイタリア語の習得が遅れるのでは、と心配したくらいなのだ。

「まだ赤ちゃんなのに、かわいそうにねえ、二か国語をいっぺんに覚えなきゃならないなんて。日本語はイタリア語ができるようになってからでもいいんじゃないの?」

姑はかげで夫に向かってよくそうこぼした。けれども、その後、安奈もダリオもまったく問題なくイタリア語を覚え、日本へ行けば、「日本のおじいちゃんやおばあちゃん」とちゃんと日本語でやり取りができるのを知った「イタリアのおばあちゃん」は、今度は大いに感心し、考えをあらためてくれたようである。

そして何よりも、安奈とダリオ自身が、「日本人のお母さん」とイタリア語を使うなんてもってのほか、と思っているのだ。私がうっかり、日本語で何というのかとっさに出てこない言葉や、日本語にはない言い回しを、イタリア語のままで混ぜて彼らに話したりすると、

「ほうらね、お母さんだって日本語知らないじゃない」

と、まるで鬼の首でも取ったような顔をする。日ごろのあやしい日本語を私から訂正ばかりされる、そのお返しのつもりなのだろう。そして私は、本はもちろん、二人が学校からもち帰るお知らせでさえ、彼らの前ではイタリア語で音読したりしないようにしている。安奈が私にしみじみと言ったことがある。

「ねえ、今さらお母さんとイタリア語でなんか話せないよね。そんな気持ち悪いこと、あたし、絶対できないな」

姉弟の間の会話はどうかというと、やはりイタリアで暮らす以上、イタリア語が優位に立つのはやむをえない。イタリア人の遊び仲間といっしょのときはいうまでもなく、二人だけで遊ぶときも、現在の彼らにとってはイタリア語を使うほうが当然楽だし、自然ともいえる。けれども、少し前に日本で半年生活したときは、到着後まもなく二人の間からイタリア語が完全に消えた。そして、イタリアへ戻ってもしばらくは、イタリア語がつたなくなったこともあって、日本語のほうが優勢だった。だから、彼らの共通語はどちらか一つに特定はできず、その場の状況や気分にも左右されるようである。遊びの種類によっては、今でも日本語で遊んでいることもある。たとえば、人形やままごと道具を使った「お母さんごっこ」の場合、これは明らかに安奈が私の口調を真似るので、日本語のほうがやりやすいらしい。男の子なのに、姉とおままごとに興じるダリオが、なかなか女言葉が直らないのは、日本語で遊べる男の子の仲間がいない環境では目をつぶるしかないだろう。

ふだんの生活では、夫より私のほうが子どもたちと過ごす時間がだんぜん長い。だから、親子三人で家にいるかぎり、安奈とダリオは日本語を使う機会に事欠かない。二人が学校から帰宅すると、その日のできごとや勉強のことなど、私はせっせと聞き出しにかかる。直前までイタリア語の「洪水」の中にいた彼らは、うまく話せないこともあるけれども、そこは私が適当に補ってやる。宿題をみてやるときも、私は極力イタリア語を使わない。ただ、九九の暗記などは、日本語でやっていっても、学校で先生にそのまま答えるわけにはいかないから、イタリア語で覚えさせておく。私の前では姉弟の間でもなるべく日本語を使うように仕向けているので、口げんかなど、本当はイタリア語のほうがやりやすいはずだが、私が聞いていれば日本語で何とかやっている。イタリア語でさかんに話し合っている二人が、私がそばを通ったときだけ、器用に会話を日本語にすり替えたりするのには、私も脱帽してしまう。

娘を身ごもったとき、私のイタリア生活はすでに七年めに入っていた。夫とは職場で知り合い、その数年前にヴェネツィアで結婚して、本土《テッラ・フェルマ》の小さな町に住んでいた。妊娠する前から漠然と、もし母親になったら、子どもとはイタリアに住んでいても日本語で話せたらすてきだろうな、と思ってはいたものの、夫をはじめとする周りの人々とは常にイタリア語で接する毎日で、ふと気がつくと、考えごとなどもイタリア語でしていることが多くなっていた。だから、私は自分のお腹に宿った新しい命を前に、ある種の当惑を感じた。もちろん、母国語の日本語を忘れてしまったわけではなかった。日本語は、仕事ではいつも話したり読んだり書いたりしていたし、日本人の同僚たちやイタリアに暮らす友人たちとの付き合いもあった。けれども、これから生まれてくる自分の子どもに、いったいどんな言葉遣いで、何と話しかけたらいいものやら、私は見当がつきかねたのだった。

エコー検査のおかげで、途中から胎児が女の子であることがわかった。そのずっと前から、夫と相談のうえ、女の子なら名前は「アンナ」と決めてあった。これに漢字で「安奈」と当てることについても、中国史を専門とするため、漢字の知識がある夫の同意を得ていた。そこで、

「安奈、元気に生まれてきてね」

「安奈、生まれてきたら、たくさんいっしょに遊ぼうね」

というふうにお腹の赤ん坊に話しかけているうちに、少しずつ私の中で「日本語がわかるはずの安奈」「日本人としての安奈」が育っていったような気がする。そしてついに生まれてきた娘は、たしかに私の血を分けた子どもで、私が自分の母国語で接するのはごく当たり前のことに思えた。私にとってはしょせん外国語のイタリア語を娘に使ったりしたら、不自然きわまりなかったはずだ。私が日本語を教える仕事をしていることを知る周りのイタリア人たちは、

「アンナにも日本語を教えるんでしょう？　お母さんが日本語の先生で、アンナは運がよかったね」

などと口々に言ったが、私は「教える」のではなく、とにかくひたすら日本語で話しかけて育てようと決めていた。

一方、息子がお腹にいたときは、すでに安奈との間に日本語の世界が完全に確立していたから、そんな当惑はまったくなかった。もうじき日本語で語り合える子どもがもう一人増えるのだと思うと、楽しみでたまらなかった。このときは用心深い医者の勧めで羊水検査まで受けたため、染色体の切り貼り写真が不可思議に並ぶ診断報告書から、今度は男の子であることが早々にわかっていた。そして「ダリオ」という名前は、出産予定月だった十二月のカレンダーを見ていたら、ふとこの聖人名が目に留まって、夫に提案した。安奈の場合もそうだったが、私たちは子どもの名前を選ぶにあたって、「サマラーニ」「仙北谷」という、どちらも長めの苗字に合うように、短い名前を探した。イタリア国籍に加えて、日本国籍も当然もたせるつもりだったから、私の苗字にもしっくり来なければならなかったのだ。日本語でも発音しやすいこと、お役所の手続きを簡単にするために、イタリア語での表記とローマ字表記が一致すること、なども重要な決め手だった。こうした条件をすべて満たす「ダリオ」が、紀元前六世紀の偉大なペルシア王、ダレイオスに由来することを夫が教えてくれ、安奈の弟の名前は一も二もなくこれに決まった。ただ、適当な漢字がどうしても見つからず、仕方なくカタカナ書きのまま、私はミラノの日本領事館に出生届を出した。

四歳違いの安奈は、弟が生まれる前から「お姉ちゃんぶり」を発揮し、私のお腹の中でさかんに暴れるダリオに向かって、

「こら、ダリオ、おとなしくしてなきゃだめでしょ」

などと言った。そのころの安奈は、もう地元の幼稚園に通っていたから、イタリア語がかなり優勢になっていたが、私とはきちんと日本語を使っていた。実際に弟が生まれてみると、私の口調にそっくりな日本語でダリオに接するのが、ちょっとおかしかった。そして幼いダリオは、安奈のように私からの一方的な話しかけではなく、母と姉の対話を常に聞かされる機会に恵まれたおかげだろうか、日本語で話し出すのも早かった。

ところで、私は自分が母親になるまで、子どもが言葉を習得する過程についてあまり深く考えたことがなかった。イタリア人大学生に日本語を教える、という仕事をしていることもあり、大人になってから習う言語と、子どものうちに覚える言語との間に、その習得のし方から見て大きな違いがあることは、もちろん承知していた。それは、自分自身が外国語を勉強した経験からも明らかだった。けれども、文法などまったく知らない子どもが、いつの間にかある言葉をすらすらと話せるようになるのは、耳に入るかぎりの語句や文や言い回しを片っ端から覚え、それを自分の口で言い直すうちに身につくからだろう、などと単純に思い込んでいた。ところが、子どもたちのイタリア語や日本語に注意してみると、実はそうではなくて、子どもは子どもなりに聞いたことの中から規則を見つけ出し、それを応用しながら言語能力を高めていくのだということが、はっきりわかった。私は興味にかられ、幼児の言語習得や、とりわけバイリンガル教育について書かれた本を読み漁《あさ》った。中でも、トロント大学教授の中島和子という言語学者の説が、たいへん参考になった。そして、基本的には私の口から出る日本語しか知らない安奈とダリオの日本語の世界を少しでも豊かにしてやりたい一心で、絵本を読み聞かせたり、覚えているかぎりの童謡を歌ってやったり、お話のテープを聞かせたり、ビデオを見せたりした。

とりわけ、就寝前の本の読み聞かせは、親子の大切な日課としてすぐに定着した。どんなに疲れていても、腹の立つ「事件」があった日でも、これだけはひと晩として欠かさなかった。ふしぎなことに、子どもたちが好きな本を声に出して読んでやっていると、体の疲れも癒され、荒れた心も静まるような気がした。日本語の子どもの本は、両親や友人が送ってくれたり、日本へ帰国するたびに買ってきたりして、数は少なくても質の良いものを少しずつ集めた。中でも、自分自身が小さいときに読んだ本には特別の愛着を感じ、私まですっかり子どもの本の虜になってしまった。ダリオに物心がついたころからは、一人一冊の約束で、毎晩二冊読み聞かせるようになった。歯を磨いて、パジャマに着替えてから、二人はそれぞれ読んでほしい本を本棚から選び出した。たとえば、安奈が『りゅうのめのなみだ』ならダリオは『ぐりとぐら』、安奈が『エルマーのぼうけん』ならダリオは『しょうぼうじどうしゃ　じぷた』というふうに。リクエストを重ねに重ねた『しろいうさぎとくろいうさぎ』や『ひとまねこざる』、『いやいやえん』などは、私もほとんど覚えてしまった。姉の選ぶ本は弟にはまだむずかしすぎることが多かったが、ダリオはよくわからないままちゃんと聞いていて、時々いっぱしに口をはさんだりした。安奈が一人のときは、年齢相応のものしか読んでやらなかったので、二人めのダリオはこんなところでも得をしたわけだ。

こうして本が大好きになった子どもたちは、父親にもイタリア語で何か読んでくれとせがんだ。私が日本語での読み聞かせに熱を上げるのを見てきた夫は、負けていられないと思ったらしい。ある年のクリスマスに、自分が子どものころに感銘を受けたホメロスの『オデュッセイア』を安奈に贈り、さっそく読み聞かせを始めた。子どもたちはたちまち、オデュッセウスの波乱万丈の物語にも夢中になった。挿絵の多い大型版で、オデュッセウスが一つ目の巨人、ポリュペモスに立ち向かう場面などは迫力満点だった。

さて、安奈には絵本を通して少しずつ日本語の文字の読み方を教えてみたが、最初はあまり興味を示さず、これはなかなか根気の要る作業だった。職場で大学一年生に対して、まずはひらがなとカタカナを数週間で強引に教え込んでしまうのとは、まるで勝手がちがった。それでも、好きな本が一人でも読めたらどんなに楽しいか、一生懸命言い聞かせているうちに、安奈は次第に文字を覚えていった。十一月生まれなので、六歳になる前の九月に地元の小学校に入学したが、イタリア語の文字を教わるのと同時では負担になるかと思い、その数か月前から書く練習も始めさせた。イタリア語ではなぜかちっとも重視されない書き順を、ひらがなやカタカナではきちんと守らせるようにした。

ちょうどそのころ、ヴェネツィア近郊に暮らす、私と同じような境遇の日本人同士で声をかけ合い、いわゆるハーフの子どもたちを集めて、ささやかな「日本語教室」を発足させた。学齢期に入った子どもたちには、ミラノの日本人学校を通して手に入れる、日本の小学校の国語の教科書を使って、親たちが教えていくことになった。さまざまな試行錯誤の末、今ではパドヴァの教会付属施設の数部屋を借りて、月に一度開催している。同じイタリアでも、日本人駐在員なども多いミラノやローマに住んでいたら話は別だったかもしれないが、片田舎の現地校に通う子どもといっしょに、イタリア文化にどっぷり浸かった日常生活を過ごす私たちにとって、この集まりは母国に向けて開かれた、心ばかりの「窓」となった。前々から私は、「文化」を背景に伴わない「言葉」だけを子どもたちに身につけさせることに、いくぶん疑問を抱いていた。安奈とダリオに日本語を使えるようにしてやることはできても、生活に密着した習俗や日本人のメンタリティーまでは、私一人ではとうてい伝えられない。かといって、二つの国をたえず行ったり来たりすることもできない。だから、どうしても同じような考えをもつ日本人の仲間が必要だった。

教室のある日、私は子どもたちを車に乗せ、パドヴァへ向かう。古代ローマ人が建設した、格子状の田舎道の途中では、調教場の馬の群れがのんびりと青草を食んでいるのが見えたり、干草を積んだトラクターを追い抜いたりする。教室開催は日曜日と決まっているから、道沿いの小さな町々の教会前にはミサ帰りの人々があふれ、鐘の音が高らかに鳴り響いている。こんなイタリア的な風景の中を走り抜けて四十分、かなり都会じみたパドヴァに着くと、小さな「日本」に出会えるのは、何だかふしぎな気がしてしまう。学年別の国語の授業のあとは、たいてい皆で歌を歌ったり、折り紙をしたり、一月には書き初め、二月には節分の豆まき、というぐあいに、その月の日本の季節行事を体験させたりする。この集まりを通して、日本の子どもの本ばかり数百冊そろえた文庫を開いている仲間に巡り会えたことも、大きな収穫だった。安奈もダリオも、同じ日にその貸し出しを受けるのをとても楽しみにしている。とりわけ安奈は、家ではなかなかそろえてあげられない世界名作全集なども、片っ端から借りて読むようになった。

そして、この日本語教室を励みにしながら、私は家で安奈の国語の勉強を見てやることにした。イタリアで教育を受けるようになってから、当然のことながら娘の「知」の部分がイタリア語だけで形成されてしまうことに、軽い危機感を覚えたせいもある。学年が進むにしたがって、安奈は説明文などにも慣れ、漢字を覚え、作文を書き、辞書が引けるようになっていった。

もちろん日本の学校で習うのとは比べものにならないが、それでも彼女の日本語の力は少しずつ向上しているはずである。自分が子どものころは、物語以外はあまりおもしろいと思わなかった日本の国語の教科書を、私は大いに見直してしまった。今でも小学校四年生の教科書に出てくる、あまんきみこの『白いぼうし』に再会したときは、もう顔も忘れてしまった担任の先生の、国語の授業がまざまざと脳裏によみがえった。あのとき、この物語の感覚的な美しさに心を打たれ、思わず教科書に鼻を近づけた四年生の私は、ページの間から「松井さんの夏みかん」の匂いをたしかに嗅ぎ取ったのだった。安奈もこの物語がとても気に入り、さっそくパドヴァの文庫から、あまんきみこのほかの作品を借り出した。

こうした母娘のイタリアでの「特訓」の成果は、二〇〇一年に日本で半年生活したときにも表われた。安奈は私の母校の大磯小学校に入り、習慣の違いで戸惑うことはあっても、言葉の面ではほとんど不自由なく三年生の一学期を過ごした。半年後には何だかすっかり日本の小学生になりきっており、引っ込み思案な娘の、思いがけない適応力に感心させられた。息子のことも、やはり私が昔通った大磯幼稚園に行かせた。イタリアの幼稚園と違って、細かい規則はいろいろあるし、お弁当ももたせなければならず、私はてんてこ舞いしたが、ダリオはここでようやく少し男の子らしい言葉使いを覚えてくれた。ちょうど文字に興味をもち始めた時期で、あっという間にひらがなとカタカナが読めるようになってくれたのはうれしかった。安奈のときにカルタやカードを使って苦労したのが、うそのようだった。一人で本が読める姉がよほどうらやましかったらしい。さっそく絵本を手に、あたりかまわず声を張り上げては「習わぬ経を読む」ものだから、皆にうるさがられたが、負けず嫌いの「門前の小僧」はその後、文字を書くほうもさっさと習得していった。

私が長く日本語を教えているヴェネツィア大学には、安奈やダリオのように、片親が日本人でイタリアで育ってきた学生が何人かいる。ヴェネツィア大学の東アジア学科は、イタリアの東洋研究の分野ではナポリ大学と並んで伝統があり、規模も大きい。近年はさまざまな角度から若者たちの間でも日本に対する関心が深まり、毎年九月になると、全国から百五十人ほどの新入生が集まる。一年生の授業で大教室を見渡すと、本人に確かめるまでもなく、日本人の血の混じった学生は顔立ちですぐそれとわかる。彼らの中には、かなり流暢に日本語が話せる者もいれば、日本人の親ともイタリア語を使って暮らしてきた、事実上まったくイタリア人のハーフもいて、私は彼らの親たちの一人一人にゆっくり話を聞いてみたくなってしまう。二十歳前の彼らが大学で、たいていの場合は母親の母国である日本について深く学んでみたいと思うのは、自然なことなのかもしれない。

自分のルーツを探ることで、見失ったアイデンティティーを求めに来たような、そんな思い

つめた顔をした学生のすがたに、私は数年後の安奈とダリオを重ねてみたりする。最近自我の芽生えてきた安奈は、

「あたしはいったいどっちなの？」

と私に理不尽な問いをぶつけるようになり、「両方よ」とか「安奈は安奈なの」という答えでは納得してくれない。イタリアでは何かと「日本人」のレッテルを貼られるのに、日本へ行けば確実に「イタリア人」扱いをされてしまうことを、ちょっぴり気にしているのだ。

「あなたたちはね、日本人とイタリア人が半分ずつなんじゃなくて、その両方なんだから、すごく得してるのよ」

こんなふうに、私は母親として二人の心に刻み込もうとする。「アイデンティティー」や「同族意識」といった抽象的な話をしてもまだ理解できないだろうから、もっと身近な例を引き合いに出す。

「たとえばね、あなたたちは日本のおいしいものもイタリアのおいしいものも、両方食べられるでしょう？　これって運がいいことだと思わない？」

ダリオならまだこれですんなり納得してくれるが、安奈は半信半疑のようである。混血児を指して「ハーフ」と呼ぶのは間違っている、「ダブル」と呼ぶべきだ、などという意見を以前どこかで耳にしたことがあるが、うまいことを言うものだと感心した。そして、二つの言葉に

またがって育っている彼らの将来に思いを馳せてみる。二人が大人になって社会に出ていくときの手段の一つとして、日本語が役立ってくれたらいいな、と願う。

それにしても、この仕事をしていると、子どもたちの日本語もつい「教師の耳」で聞いてしまう。「あ、今二年生で教える文型を上手に使った」とか、「この誤用例は学生とまったく同じだ」などと分析せずにはいられないのは、一種の「職業病」だろうか。自分の話す日本語を、聞き手の理解度に合わせて客観的に調整する能力がついたのも、この仕事のおかげかもしれない。逆に、子どもたちとのちょっとしたやり取りが授業のヒントになることもある。二人が何やら言い合いをしていると思ったら、バタバタと私のほうへやって来て、まず安奈が口を切る。

「お母さん、ダリオがね、あたしの髪の毛を引っ張りたいの」

ダリオがすかさず抗議する。

「ちがうよ、そんなものしてないよ」

とたんに私は母親から日本語教師になり変わり、けんかの原因も聞かずにまくし立てる。

「あのねえ、安奈、『ダリオが引っ張りたい』とは言えないの。たいっていうのは自分にしか使えないの。ダリオが引っ張りたがってる、とか、引っ張ろうとする、って言いなさいよ」

「そう、ダリオが引っ張ろうとするの」

「それからね、ダリオ、『そんなもの』じゃなくてことでしょう。ものっていうのはね、食べ物とかおもちゃとか、目に見えて手で触れなきゃいけないの。動作にはこと、、を使うんだって、こないだも言ったじゃない。もう、いつまでたっても使い分けられないんだから」

「ドウサって?」

「何かをするってこと。たとえば、遊ぶとかご飯を食べるとか、お姉ちゃんの髪の毛を引っ張るのも動作よ」

私の説明が終わるころには、二人はさいわい、けんかをしていたのを忘れている。

先日のこと、姑を訪ねた帰り道の車の中で、私たちはある言葉遊びに熱中した。ふだんから「しりとり」や「もの当てゲーム」のようなことが好きな子どもたちに、「トントン」「ぽかぽか」のように二つの音を重ねる言葉を使った例文作りをさせたのだ。この、日本語に独特な擬音語や擬態語は、授業で出てくると学生たちもたいへん興味を示すが、正しい使い方を教えるのはなかなかむずかしい。相当日本語が達者な外国人でさえ、上手に使いこなせないことが多いという。そこで、安奈とダリオの日本語の感覚がどのぐらい育っているのか知りたくて、たとえば私が「グーグー」と言えば「グーグーいびきをかく」、「からから」と言えば「のどがからからに渇いた」というふうに、二人にその言葉を入れて文を作らせた。使用頻度が高くて彼らが知っていそうなものがひととおり出つくしたとき、私は思いつくまま「ショキショキ」と言ってみた。ダリオのでまかせな例文、「電車がショキショキショキ通る」に首をかしげていると、しばらく考えていた安奈が口を開いた。

「ショキショキ小豆をとぐ、はいいよね、お母さん」

お汁粉もあんパンもないイタリアに育って、いつの間にそんな表現を覚えたのだろう、と私は目を丸くした。たしかに時々むしょうに和菓子が恋しくなる私は、ここでも何とか手に入る《ソイア・ロッサ》つまり「赤い大豆」を煮ることがある。安奈はそんな台所の私を観察していたのか、それとも本か何かで目にしたのだろうか。何はさておき、私がこうして伝えているのは口先の言葉だけではないこと、彼らはその背後の文化もわずかながら確実に身につけていることを実感したのだった。

子どもたちとの毎日は、こんなふうにしかったりほめたり、驚いたり考えさせられたりしながら、悲喜こもごものうちに過ぎていく。毎晩夜九時になると、安奈とダリオは寝るしたくを済ませ、二階の子ども部屋へ上がっていく。今ではあまり読み聞かせをせがまなくなった。しかし、何か活字を目にしないと眠りにつけないのは母親譲りらしく、二段ベッドの上と下で、それぞれ少し本を読んでからスタンドの明かりを消す。寝床で読む本が日本語の夜は、二人の会話もそのまましばらく日本語で続くのが聞こえる。やがて宵っ張りの弟が、寝つきのいい姉に取り残されてしまう。

「お姉ちゃん、ねえ、お姉ちゃんってば」

「……」

「お母さん、お願い、お布団直しに来てよ」

ダリオの見え見えの要求に、私は仕方なく階段を上がる。

「はいはい、もう寝なさいね。明日学校だから」

息子にもう一度「お休み」の頬ずりをしてやってから、部屋を出る。もう一つの母国語をもつ二人が、夢はいったい何語で見るのかな、と考えながら。

カジエスの谷

イタリアの州制度が施行されたのは一九七〇年だというから、この国が、行政区分から見た、今のかたちを整えたのは、それほど昔のことではない。全部で二十ある州のうち、首都のあるラツィオ州や、ミラノが位置するロンバルディア州、州都ヴェネツィアをアドリア海に浮かべた、私たちの暮らすヴェネト州など、十五の州は「普通州」だ。ところが、残りの五州は「特別州」と呼ばれ、国から自治権を認められている。この五つの州とは、それぞれが大きな島であるシチリア州とサルデーニャ州、それに他国と接する北部の三州である。このうちの、オーストリアに隣接するトレンティーノ・アルト・アディジェ州こそが、はるばる日本から住みついたヴェネト州に次いで、次第に愛着を感じていく場所になることを、その白い大地にはじめて足を踏み入れたとき、私はもちろん知らなかった。

それは、結婚して三年めの二月のことだった。夫の同僚が、また雪山へスキーに行かないか、今度はカヤトもいっしょに、と夫を誘った。私と知り合う数年前に「歩くスキー」ことクロスカントリースキーを覚えた夫は、仲のよい同僚たちとひと冬に一度、いわゆる「白い一週間《セッティマーナ・ビアンカ》」を過ごしに、雪山に出かけることにしていた。その後、せっかく買い求めた夫のスキー用具一式は、ガレージでほこりをかぶったままになっていた。私も学生時代に北海道へ流氷を見に行ったとき、摩周湖のほとりで一度だけ試してみたことがあったので、少し興味はあった。けれども、今回は日数があまりとれないこともあり、私と夫はスキーはしないで、とにかく山のきれいな空気を吸いに行こう、ということになった。イタリア生活が六年めに入っていた私は、ヴェネト州の長い長い冬には、すでに相当うんざりしていた。雪こそめったに降らないものの、どうせ寒地にいるのなら、もっと思いきり寒いところへ行ってみるのも悪くないな、と思ったのだった。

宿の手配をしてくれたマウリツィオは、夫のヴェネツィア大学学生時代からの旧友でもあり、中国の古典文学者だ。開業医の奥さん、クリスティーナとの間に子どもはなく、研究にいそしみながらも、気ままな生活をしていた。この二人のほかに三人の同行者がいたから、総勢七人の小旅行だった。私と夫は、スキーが目当てのマウリツィオたちとは現地で合流することになった。

こうして私と夫は、雪深い山道の散策用に、イタリアでも「ムーンブーツ」と呼ばれる、宇宙飛行士のはくような長靴だけを準備して、車で北へ向かった。マウリツィオが今回新しく見つけ出した宿は、トレンティーノ・アルト・アディジェ州の東の端のほう、オーストリアとの国境が目前にせまる「カジエスの谷」の中にある、ということだった。私たちの住むノアーレから、ベッルーノ、コルティーナ・ダンペッツォ、とヴェネト州を北上するにつれて、車窓から見える景色も変わっていく。このあたりは、ティツィアーノの生誕地として聞き覚えのある「カドーレ」地方だ。建物は木造の山荘風のものが目立ち始め、道沿いの木々もいつの間にか、モミやカラマツなどの針葉樹ばかりになっている。

ドロミテ・アルプスにさしかかると、地面に白く積もった雪が、一段と輝きを増した。そして、標高が千四百メートルを超えたあたりで、ついに州境があった。ヴェネト州の終わりを告げる標識のすぐあとに現われた、トレンティーノ・アルト・アディジェ州の始まりの標識には、二か国語が併用されている。ここからはドイツ語では「シュドゥティロール」、つまり「南チロル」なのだ。もっとも、「チロル」という地方名は、歴史的観点から見た、アルプス山中の同一文化圏を指すものであって、行政上の区分ではない。この名称を耳にして、真っ先に私の頭に浮かんだのは、合唱団に入っていた小学生のときに覚えた「チロルの若者は、ララ、若者は、ララ、歌が好き……」という歌だった。本当に歌が好きなのかどうか、行ってみればわかるかな、と私はちょっぴり期待した。州境からさらに北へ十キロあまり走ると、緑色の丸屋根をした、美しい大聖堂のある町、ドッビアーコに突き当たる。ここからたった十数キロ、右へ進めばオーストリアだ。けれども、私たちはマウリツィオの指示どおり、丁字路を左折した。

山岳地帯というのは、決して高い峰ばかりが連なっているのではなく、実はかならず数々の谷によって山がいったん途切れては、また次の山が続いている。ドッビアーコを通る国道は、百キロを超える長さのプステリーア谷の底の部分をなぞるように、東西に伸びているが、その両側にはさらに小さな谷がいくつも開けている。その一つ一つに名前があって、それぞれ道路が通っているようすは、まるで魚のレントゲン写真みたいだな、と私は膝の上の地図を眺めながら思った。私たちが目指すカジエス谷は、右側の「小骨」の一つだった。「モングエルフォという町が目印だから、その町を起点に右手に開けているのがカジエス谷だから、あとはどんどん上ってくればわかるよ」というマウリツィオの言葉を頼りに、夫はハンドルを切り続けた。そしてまもなく、私たちは無事に、ドイツ語とイタリア語で「カジエスの谷へようこそ」と書かれた、大きな木の看板を道路わきに見つけた。雪国の静かな夕暮れが、足早に近づいていた。

カジエス谷では、さらにいくつかの村が、ぽつんぽつんと道沿いに小さな集落を作っている。それぞれの村にはふつう、赤い尖塔をもつ、かわいらしい教会と、食料品から洗剤や靴下まで売る小さな店が一軒だけある。けれども、私たちが泊まることになったサン・マルティーノ村は、カジエス谷の中でいちばん大きく、銀行や郵便局、それに観光案内所まである村だ。宿泊施設も、「ホテル」と呼べるものが二軒ほど、車の窓から見えたが、私たちの宿は小ぢんまりしたペンションだという。村の広場を越えると、外の壁に大きく書かれた「カーン亭《ヴィールト》」の飾り文字がすぐ目についた。カーン家が経営するペンション兼レストランだった。昔の農家を改造したらしい、どっしりとした三階建ての建物の、重い木の扉を押し開けて、夫は宿の主《あるじ》に到着を告げた。

私たちが着いたのはちょうど、朝からスキーを楽しんだスキーヤーたちがそろそろ引き上げてくる時刻だった。その日、早朝にヴェネツィアを出発して、すでにひと滑りしていたマウリツィオたちは、早くも雪焼けした顔で私たちを出迎えてくれた。私たちはまず、少ない荷物を二階の部屋へ運び込んだ。それは、木材がふんだんに使われた、簡素だが温かみのある部屋だった。それから、夕食にはまだしばらく間があったけれども、階下の食堂へ降りて行った。食堂は、仕事帰りにビールを一杯飲んでいくらしい、地元の男たちで大にぎわいで、タバコの煙がもうもうとたち込めていた。

マウリツィオたちはすでに片隅のテーブルに陣取っており、食堂の奥から私たちに手招きをした。頭からスキー帽をとりながら、クリスティーナがさっそく、

「カヤト、ここのアップルパイは絶対おすすめよ。あたし、お昼にも食べたけど、もうひと切れ食べちゃおうかな」と言う。

「クリスティーナときたら、せっかく体を動かしてカロリーを消費したのに、すぐこれだ。

医者のくせに、甘いものはいくらでも食べるんだから」

マウリツィオが笑いながら、自分は大きなジョッキでビールを飲んでいる。

「あら、食べたいのを我慢するほうがよっぽど体に悪いのよ」

クリスティーナはすっと手を伸ばして、マウリツィオのあごひげを引っ張る。二人は文字どおりの「おしどり夫婦」なのだ。

私はもちろん、クリスティーナの忠告にしたがうことにして、アップルパイを注文した。リンゴを巻き込んで焼いたケーキは、この果物のイタリア一の特産地、トレンティーノ・アルト・アディジェ州でなくても、一般に「シュトゥルーデル」というドイツ語で呼ばれることが多い。ところが、そのとき私の前に出てきたシュトゥルーデルは、たまにヴェネト州で食べていた同名の代物とは似ても似つかないものだった。まず、大きさに目を見張った。ゆうに二人前はありそうな、ひと切れのシュトゥルーデルが、白いお皿にでんと乗せられている。粉砂糖のかかった皮をフォークで突き刺すと、やわらかく煮込んだ刻みリンゴと干しブドウが、これまたたっぷりと詰まっている。中身の間から、細長くて白っぽい顔をのぞかせているのは、コリコリとした舌触りのマツの実だ。皮にも中身にも砂糖はほとんど入っていないらしい。リンゴの元来の甘酸っぱさと干しブドウの甘さ、それにバターとシナモンの香りが絶妙に調和している。こんなにおいしいアップルパイは生まれてはじめて食べた、といっても決して言い過ぎではなかった。私はすっかりうれしくなり、早くもこの土地が大いに気に入ってしまった。その晩の食卓に運ばれた料理にも、カーン亭のコックのたしかな腕が感じられ、大いに満足した私たちは「こんなにいい宿を見つけてくるなんて、マウリツィオはえらい」と言い合ったのだった。

ところで、「二か国語併用地域」というのが、実は名ばかりのものであることは、夫とカーン氏のやり取りや、食堂での地元の人々の会話を聞いて、すぐにわかった。いかめしい風貌のカーン氏は、ドイツ語訛りの聞きづらいイタリア語で、必要最小限のことしか言わなかった。イタリア語を母国語とする人など、少なくてもこの村には一人もいそうになかった。テレビもドイツ語、村のあちこちの表記もほとんどドイツ語だった。ある程度のイタリア語が話せるのは、実は「イタリア人」観光客を相手にする職業の人たちだけで、当時はまだリラが流通していたから、イタリア通貨を使用していることを除けば、彼らはむしろ「オーストリア人」だったのだ。逆に私たちにしてみれば、国境を越えずに外国に来た気分だった。二つの言葉を、まったく同じように自由に操れる人々が住んでいるものと思い込んでいた私にとって、これはちょっと意外な発見だった。

翌朝もカジエスの谷は快晴だった。部屋の窓の外には、目を射るような、まばゆい銀世界が広がっていた。マウリツィオたちは朝食もそこそこに、宿の一階の廊下でスキーをはき、そのまま扉の外へ滑り出していった。というのも、サン・マルティーノ村の一帯は上り方向も下り方向も勾配が少なく、宿の付近がすでに絶好のクロスカントリースキーのコースになっていたのだ。午前中に五キロほど離れた下の隣村まで行って帰ってくるのだ、と彼らは張り切っていた。クロスカントリースキーというのは、滑降やスラロームが華麗に展開されるアルペンスキーに比べて地味だし、一見楽そうである。しかし、実はかなりのテクニックと体力が必要とされるスポーツらしい。特にマウリツィオのような上級者ともなれば、凍りついた木立の中をすいすいと進んでいくすがたも、なかなかさまになっていた。

一方、怠け者の私と夫は、朝日の差し込む朝食のテーブルにぐずぐずしていた。食堂の窓からは一面の白い雪野原が見えた。ところどころに、三、四軒ずつ身を寄せ合うようにして、人家が建っている。雪を載せた屋根の煙突から、細く煙が立ち上っているのは、暖炉で薪を燃やしているからにちがいない。そしてその背後に、山々が静かに連なっている。ここ数日は晴天が続いているらしく、山肌をおおうモミやカラマツはあまり雪をかぶっていない。真っ白に雪が積もっているのは、もっと遠くの、標高二千メートルを超える峰々だ。ごつい不毛の岩山が、その頂きを冬の青空にくっきりと浮かび上がらせている。それは、目といっしょに心まで洗われるような、清らかで美しい風景だった。

そろそろムーンブーツで林の散策に出かけましょうよ、と夫に言いかけた私の頭に、ふとある考えがひらめいた。冷めたコーヒーの入ったカップを手の中で回しながら、私は言った。

「ねえ、ここって夏にも来てみたらどうかしら。雪の下の地面はどうなってると思う?」

夫は読んでいた新聞からゆっくり顔を上げた。イタリア人宿泊客のために取り寄せられる、たった一紙だけのイタリア語の新聞を、食堂のカウンターに積まれたドイツ語の地元紙の中から、目ざとく見つけ出していたのだ。

「すごくきれいだと思うよ。きっと涼しいだろうし、夏休みにここへ来るのも悪くないかもしれないね」

「そうよ、雪の代わりに緑の草が一面に生えているはずよ」

そうは言ってみたものの、この雪景色から夏の眺めを想像するのは、私にも夫にもかなりむずかしかった。

思い立ったが吉日、とばかり、私たちは散歩を後回しにして、観光案内所へ向かった。どうせ来るなら一週間はのんびりしよう、いや、二週間がいい、それならペンションはやめて自炊のできるレジデンスを借りよう、ということになったわけである。さすがにイタリア語が流暢な観光案内所の職員は、私たちの希望に合いそうな、カジエス谷の貸しアパートをいくつか紹介してくれた。印をつけてもらった地図を手に、物件を一つ一つ訪ね回った末に私たちが選んだのは、サンタ・マッダレーナ村の「レジデンス・タルブリック」だった。この村は、サン・マルティーノ村からカジエス谷をさらに三キロほど上ったところにあり、村の外れで車の通れる道は終わっていた。全長十八キロのカジエス谷自体は、まだその先も続いていたが、あとは山道を歩いていくしかない。夏はきっと登山客でにぎわうのだろう。このレジデンスを取りしきるアンナ夫人が、食器からリネン類まで何でもそろった、いかにも居心地がよさそうなアパートを見せてくれた。何よりも気に入ったのは、テラスからカジエスの谷を一望できることだった。

こうして私と夫は、その年の七月の二週間をこの山奥の村で過ごすことに決めた。思いのほか、すんなりと夏休みの計画が立てられて気をよくした私たちは、宿に戻るとムーンブーツにはき替え、やっと散歩に出かけた。真昼とはいえ、外は頬を切るような寒気がぴんと張りつめていた。雪に埋もれた野道をムーンブーツで踏みしめると、キシキシという小気味よい音を立てた。私は夏に思いを馳せた。いったいこの景色は、これからどう変わっていくのだろう。春になって雪が溶けたら、小川のせせらぎが聞こえるにちがいない。草原にはいっせいに牛が放牧されるのだろうか。うっそうと茂った木々の根元で、高山植物が可憐な花をつけるかもしれない。そうだ、植物図鑑を買って、花の名前を覚えよう。七月が待ち遠しかった。

二日後、私たちの短い雪山滞在は終わった。帰途につく前に、私たちの夏の計画を聞いたマウリツィオは、あきれた、という顔で言った。

「へえ、君たちはそんなにここが気に入ったのかい。ぼくらは夏はやっぱり海だよ、海。なあ、クリスティーナ」
今でこそ本土《テッラ・フェルマ》のメストレに住んでいるマウリツィオだが、生まれも育ちもヴェネツィアのリド島なのだ。宿を出た私たちは、それぞれ車に乗り込み、山を下った。道路わきの、来たときに見たのと同じ看板の反対側には、今度は「カジエスの谷へまたどうぞ」の文字があった。ふもとの町、モングエルフォのお菓子屋で、大きなチロル風アップルパイを、一本丸ごとお土産に買って帰ったことはいうまでもない。

その年も夏がやって来た。ヴェネト州の夏は湿気が多く、七月に入るといっそう不快感が増したので、涼しい山行きを計画したのは実に正解だった。私と夫は、木陰で読むつもりの本やら保存のきく食料品やら、二週間の滞在のために思いつくものを手当たり次第に車に積み込むと、冬に見たきりのカジエスの谷を目指し、いそいそとノアーレをあとにした。秋にはじめての出産を控えていた私は、医者に細かい注意を受けていた。酸素の薄い、標高千五百メートル以上のところへは行かないように、万が一のことを考えて、あまり人里離れた場所は避けるように……。結局、私が二回の出産の面倒を見てもらうことになった、この婦人科医は、クリスティーナが紹介してくれたのだった。私の妊娠を知ったとき、自分と診療所が隣同士の、「慎重で腕のいい」同僚を、彼女は真っ先に私にすすめた。しかし、私はあまり心配はしていなかった。経過は順調だったし、もともと本格的な登山などするつもりはなかった。何よりも、平地の蒸し暑さから逃れられるのがうれしかったのだ。

車が進んでいく道は五か月前と同じでも、窓の外の景色はまるで違っていた。だんだん近づいてくる盛夏の山々には緑の木々が生い茂り、道沿いの家々はいっせいにテラスを花で飾り立てていた。州境を越えると、窓から吹き込む風がひんやりしてきた。ドッビアーコのガソリンスタンドで車の外に降りてみて、あまりの涼しさに、私はあわてて長袖のカーディガンをトランクから引っ張り出した。トランクの中には、もわっと生温かい、ノアーレの空気が閉じ込められたままになっていた。山沿いの地方によくある、突然の通り雨の直後で、まだ黒々とぬれたアスファルトから、土の臭いのする湯気が立ち上っていた。遠くに視線をやると、高い山々の頭上を、雲がものすごい勢いで切れていくのが見えた。

プステリーア谷の国道を走りながら、私は夫に言った。

「ねえ、二月に来たときは雪があって気づかなかったけれど、建物も道も、ヴェネト州よりずっと清潔で均質に見えるわ」

「そうだね、ここは自治権をもつ特別州だから、いろいろと法規がうるさいらしいよ。観光が重要な収入源だとわかってから、環境美化には特に力を入れているんだろうな」

たしかに、ふつうなら殺風景なはずの材木工場や乳製品工場までが、ふしぎと自然の風景にしっくり溶け込んでいた。どの家も磨きたてのガラスのようにぴかぴかと輝いて見えるのは、雨に洗われたせいだけではなく、ここに暮らす人々の意識が違うようだった。ずっとあとになって聞いた、半分冗談のような話にこういうのがある。

「ヴェネト州とトレンティーノ・アルト・アディジェ州の州境は、冬は標識がなくてもわかる。道が途中からちゃんと除雪されていたら、トレンティーノ・アルト・アディジェ州に入った証拠だから」

モングエルフォの町を抜けて、カジエスの谷のほうへ上っていくと、これまた冬には見落としていた小さな発見があった。道路わきにくり返して立てられた、動物のシルエットのある標識だ。牛が黒く描かれた三角の立て札は「家畜に注意」で、鹿のそれは「野生動物に注意」。しかし、牛や馬や羊はたしかにあちこちで草を食んでいたけれども、昼間のせいだろうか、野生動物は残念ながら出現しそうになかった。

そして、いよいよあの看板が見えてきた。五か月ぶりに見るカジエスの谷は、想像以上に青々と衣更えをして、私たちを迎えてくれた。あのときの純白のヴェールの代わりに、緑のじゅうたんを敷きつめたような草原が、見渡すかぎり、なだらかに続いているようすは、うっとりするほど美しかった。その背後には、冬に見たときよりずっと躍動感をもつ山々が、生き生きと勇ましくそそり立っていた。森の奥で湧いた清水が小川になって、こんこんと流れる音に重なって、風が谷を渡っていく、サワサワいう音が聞こえた。自然の風景に、こんなにも気持ちを揺さぶられるものだとは、私はそれまで思いもしなかった。至高の音楽を聞いたときとも、すばらしい本を読んだときとも違う、ふしぎな感動が私を包んだことに、我ながら驚いた。生命力のみなぎる、悠々《ゆうゆう》たる大地の眺めは、はじめて小さな命をお腹に宿していた私の心を強く打った。私は生きていることに感謝し、元気な赤ちゃんが生まれますように、と祈らずにはいられなかった。

冬に予約を済ませておいたレジデンス・タルブリックには、それぞれ独立したアパートが大小合わせて十軒ほどあったが、シーズン前の七月は人の出入りもまばらだった。このレジデンスは、スキー用具置き場や乾燥室のある地階を入れると全部で四階建ての、かなり大きな建物だ。私たちのアパートは最上階で、階下にはこのレジデンスを管理するシュタインマイルさん一家が暮らしている。二月に会ったアンナ夫人が、アパートの鍵を私に手渡しながら言った。

「一つお願いがあります。テラスの鉢植えに毎日水をやっていただけますか」

このあたりでは、家の各階にかならず大きな木造のテラスがあり、その手すりにずらりと植木鉢を並べて、ゼラニウムやペチュニアを育てているのだ。どの家も赤や白、ピンク、紫の花をみごとに咲かせて、道行く人の目を愉しませてくれる。

数日経つと、アンナ夫人はかわいらしい娘を二人したがえて、タオルや布巾の交換に来た。

きちんとアイロンのかかったタオルは洗剤の匂いがし、一糸乱れずに折りたたまれていた。いかにも山育ち、といった容貌の娘たちは姉がバルバラ、妹がマルティーナといい、簡単なあいさつ以外のイタリア語はまるでわからないようだった。地元の小学校ではイタリア語が必修科目だが、ほかの授業はすべてドイツ語でおこなわれ、家庭でもドイツ語しか使わないのだから、それは当たり前だった。時折り階段で顔を合わせるアンナ夫人と私たちの間の会話も、短いものにとどまった。彼女は決して無愛想というわけではなかったが、一日じゅう黙々と働いていた。妻よりは話好きの、夫のアントン氏のほうは、不自由なイタリア語でレジデンスの滞在客とよくおしゃべりをした。彼が夏は土木作業に従事し、冬はスキーの指導員をしていることを、私たちはまもなく知った。

ここに滞在中、私と夫は一日の大半を散歩と読書にあてていた。レジデンスから歩いて行ける四方の森は、じきにどの小道も知りつくした。道端の野生の花々の成長を日ごとに確かめたくて、今日はちょっと気乗りがしない、という夫をアパートに残して、私一人で歩き回ることもあった。ひと休みするのにちょうどいい、いくつかのベンチのありかも、すぐに覚えてしまった。私はよく見晴らしのよい高台に立ち、カジエスの谷の村々を見下ろした。サンタ・マッダレーナ村は、谷の外れのいちばん高い地点にあったから、日が暮れるのもいちばん最後だった。サン・マルティーノ村が夕闇に包まれても、まだしばらくサンタ・マッダレーナ村の背後の峰に残光が赤々と照り映えているさまは、いくら眺めても飽きることがなかった。

晴天続きだったわけではなく、雨も何度か降った。青く晴れていた空が急にかき曇って雨模様になったり、はげしい夕立に見舞われたりすることもめずらしくなかった。雨が降り出すと、ふだんは軽快に谷を流れていく川のサラサラいう音が轟音《ごうおん》に変わり、清水があっという間に茶色く濁った。そして、気温が一気に十度も下がったから、私はテラスのゼラニウムが不憫になった。山の天気は移りやすいことを思い知らされたわけだが、そんなときは雨の音を聞きながら、室内で読書にふけるのも悪くなかった。

私たちは三日に一度ぐらい、近隣の町や村へ車で遠出した。あちこちでお祭りがあり、チロル風の民族衣裳をつけた楽隊の演奏やパレード、それに消防隊の観閲式を、私たちは楽しく見物した。森林での火事に備えてだろうか、このあたりではどんな小さな村にも、りっぱな消防署があった。お祭りというときまって広場に特設される屋台で、生ビールと焼きソーセージを買い、ベンチでほおばるのも楽しかった。

サンタ・マッダレーナ村からカジエス谷を下り、プステリーア谷を東へ数キロ行ったところに、アルプスの野生動物園があるのを知って訪ねてみたこともある。動物園前の広場に一軒のレストランがあり、その白い壁には大きく「グスタフ・マーラー」の文字が見え、何やら銘の刻まれた石の板が貼りつけてあった。というのは、一九〇八年から一九一〇年にかけての夏の間、当時は宿屋だったこの建物にマーラーが逗留したのだ。実際にマーラーがその中で交響曲第十番などを作曲したといわれる、思いのほか質素な掘っ立て小屋が動物園の敷地内にあった。そこに陳列された自筆の楽譜や写真や演奏会のプログラムを、私は興味深く見て回った。動物園から遠くない、盆地の中のブライエス湖へも、私たちは足を伸ばしてみた。マーラーもこの湖のほとりを散歩したにちがいなかった。周囲の山々の雄姿がくっきりと映し出された、鏡のような水面をじっと見つめていると、中に吸い込まれそうな気がした。マーラーも見たはずの光景は、深い沈黙に包まれていた。こんな音のない小宇宙こそが、この偉大な作曲家に着想を与えたのではなかっただろうか。

ところで、レジデンスには自炊できる設備が整っていたので、朝食はかならずアパートでとり、夕食もたいてい簡単に私が用意した。どこかへ旅行に出かけると、私と夫はふつう、その土地の食べ物を片っ端から試さずにはいられない。見慣れないドイツ語表示の商品の並ぶ、村にただ一軒のよろず屋をのぞくのは、楽しみの一つだった。私たちはチロル特産の乳脂肪分が多いチーズや、《スペック》と呼ばれる燻製の生ハムをよく買い求めた。ヨーグルトやバターは、いつも食べているものに比べてずっと濃《こく》があり、ノアーレへもって帰れないのが残念なくらいだった。そして、外で済ませることも多かった昼食にはチロル料理ばかり食べた。

このあたりは、まずパンがおいしい。典型的なチロルのパンは、普通の小麦粉にライ麦粉を混ぜて作るから、黒ずんだ色をしている。直径二十五センチぐらいの丸型で、高さは五センチぐらいの、平べったいかたちに焼き上がっている。弾力性のある生地が独特の香りを放つのは、ウイキョウとクミンの種が入っているからだ。このほかにも、ゴマやケシの種をまぶしたパン、雑穀入りのパンなど、種類が豊富だ。ほとんど白パンしか食べないヴェネト州とは大違いである。

チロルの食生活はオーストリアやドイツの影響を強く受けており、肉料理にしても野菜料理にしても、実はこの近隣の二国に似通った調理法のものが多い。パスタ類の中でこのあたりの郷土料理といえるのは、ホウレンソウとリコッタ・チーズを詰めた「チロル風ラヴィオリ」や「スペック入りクヌーデル」である。「クヌーデル」というのは、堅くなったパンで作るお団子のことだ。私はオーストリアやドイツで、いわゆる日本のお団子ぐらいの大きさのそれを食べたことがあったが、チロルではテニスボール大のクヌーデルに、溶かしバターをたっぷりかけて食べる。肉料理には、このあたり特産の牛や豚はもちろん、野生の兎や鹿、猪まで使われる。付け合わせの野菜はかならずジャガイモかキャベツ、とこれもドイツ流だ。肉を食べたくなかったら、唯一の魚料理であるマスの塩焼きか、近くの森で採れたキノコのソテーもおいしい。

そして食事のしめくくりには、もちろんシュトゥルーデルもいいが、これまた乳脂肪分の濃いバニラ・アイスクリームがぴったりだ。アイスクリームには、近くの森でもいくらでも摘める「森の果実《フルッティ・ディ・ボスコ》」、つまりブルーベリーかラズベリーを添えるのがふつうだ。ブルーベリーだったら生の実をバラバラと散らして、ラズベリーなら煮たものを熱いまま上からかけて食べる。食べ進むにつれて、白いアイスクリームが青紫や赤に染まっていくという、視覚効果まで楽しめるデザートなのだ。

こうして、別天地での二週間はまたたく間に過ぎ去った。山を下りると、八月のノアーレは相変わらず蒸し暑く、身重だった私にはかなりこたえた。けれども、まさに「命の洗濯」をしてきたような、すがすがしい感覚が体のどこかに残り、大好きになった、あの緑の風景を頭に思い浮かべると、平地の耐えがたい暑さも少しだけ和らぐような気がした。

先日、居間の本棚を片づけていたら、額に入った一枚の功労状が、ほこりまみれで出てきた。これは、レジデンス・タルブリックを経営するシュタインマイル家とカジエスの谷の観光協会が連名で、私たち一家を表彰したものだ。

「あなたがたはカジエス谷に十回の逗留を記録しました。そのご愛顧に感謝し、これを称えます」

とある。この賞状を受け取ったときは、帰ったらきちんと壁にでもかけるつもりだったのに、私はすっかり忘れてしまっていたのだ。はじめてカジエス谷で夏を過ごしたときに私のお腹の中にいた赤ちゃんは、そろそろ思春期の娘である。

「それ、どっかに飾るんじゃなかったの？　お母さんは何でもすぐ忘れちゃうんだから」

などと、平気で憎まれ口をきくほどに成長した。

あの年以来、私たちはほとんど毎年、夏にカジエスの谷を訪れるようになった。だから、十回の逗留はそのまま、私たち家族のここ十数年の歩みを示している。滞在先はアンナ夫人のレジデンス・タルブリックと決まっている。数年前からは広いアパートに移ったので、窓からの眺めが多少変わっただけで、手入れの行き届いたレジデンスは、相変わらず居心地がよい。そしてカジエス谷も、どんどん観光化してしまったけれども、その美しさはまったく変わらない。

家族が増え、子どもたちが成長するのに合わせて、変わっていったのは私たちの時間の過ごし方だ。小さな子どもがいては、私も夫もゆっくり読書などしていられなくなった代わりに、草原でピクニックをしたり、マウンテンバイクを借り出して森を巡ったりする楽しみができた。娘の安奈は、毎夏「バルバラのおうち」へ行くのを喜び、近くから見る牛や馬に歓声をあげ、小川に石を投げ込むのに熱中した。しかし、安奈と四歳違いの息子のダリオが生まれ、一人でちゃんと歩かないうちは、さすがにしばらく私たちも山行きを断念した。

そして三年ぶりに、家族四人でカジエス谷に戻った年には、そのバルバラがすらりとした長身の高校生になっていて、看護婦を目指して勉強中、とのことだった。妹のマルティーナのほうは、幼稚園の先生になりたいらしいけれど、どうでしょうねえ、勉強があんまり好きじゃなくて、とアンナ夫人が笑った。娘たちにレジデンスの経営を手伝わせるつもりはないのだろうか、と私は少しふしぎに思った。

このレジデンスの名前でもある「タルブリック」という言葉が、ドイツ語で「谷の眺め」を意味することを観光案内所で知ったのも、たしかその年のことだった。実は以前から、道の随所に立てられた案内札に、かならず「タルブリック・ヴェーグ」の文字があるのを目に留めてはいたが、それまで私はアンナ夫人にも聞きそびれていた。「ヴェーグ」は「小道」だから、それはカジエス谷の観光協会が山歩きに来る人々のために考え出した、おすすめのハイキングコースというわけなのだった。もっと本格的な登山コースの案内札には、「ヒュッテ」こと軽食も出す休息場所の山小屋までの所要時間が、四時間とか五時間半、などと記されていて、子ども連れではなかなか無理そうだった。けれども、このハイキングコースならどこからでも始められ、途中でやめることもできたので、私たちにはおあつらえ向きだった。よく気をつけてみると、タルブリック・ヴェーグを示す、白く塗りつぶした丸印は、案内札ばかりでなく木の幹や道端の石にもつけてあり、これをたどっていけば、どんなに森の奥でも決して道に迷うことがなかった。安奈もダリオも、競い合ってこの丸印を探しているうちに、いつのまにかかなりの距離が歩けるようになっていった。

そして今では娘のほうは、タルブリック・ヴェーグのハイキングだけでは物足りずに、もっと本格的な山歩きがしたくなった私の、よき相棒でさえある。夫と息子はトレッキングには無関心だから、私と安奈だけがモングエルフォの専門店で登山靴を買い求めた。カジエス谷の観光協会が発行した地図を頼りに、二人で目指すヒュッテを決めて出かけることもあるし、観光協会が主催する、ガイドつきの遠足に参加することもある。アンナ夫人にもらうリーフレットを見ると、観光協会のさまざまな催しは近年すっかり定着してきたらしい。カジエス谷を出発点にした遠足が、毎日のように企画されているのだ。

安奈と二人ではじめて参加した遠足のプログラムには、「施し物が通った小道をたどり、水車小屋を訪ねます」とあった。しかし、ドイツ語から直訳したらしいイタリア語の説明は、わかりにくかった。要するに、モングエルフォに近いテシド村から山へ入り、農家の生活を見学しながら、標高千七百メートルの森を抜けるトレッキングのようで、「十一時集合、三時半解散、正味三時間」は初心者の私たちにちょうどよさそうだった。申し込みをした観光案内所で言われたとおり、お弁当と雨具を用意し、森で見つけた、ピッケル代わりの枝の杖を手に、私と安奈は張り切って出かけた。

その日の参加者は私たちを入れて九人、そのうちの六人までがドイツ人だった。だから、ガイドのジークフリードの解説は自然とドイツ語の部分が長くなり、私と安奈ともう一人、ミラノから来た初老のイタリア人男性のために、ドイツ語訛りの強いイタリア語で同じことをくり返すときは手短だった。それでも、ガイドになる前はサン・マルティーノ村の小学校の先生をしていたというだけあって、五十代半ばの彼は話がとてもうまかった。たとえば、いったい何のことやら見当がつかなかった、この「施し物の通った小道」というのはこういうことだった。昔、このあたりでは、土地や家畜を所有する農家がどんどん豊かになっていき、交通の不便さも手伝って、自給自足の生活を成り立たせていた。つまり、パンや肉、チーズ、野菜などの食料はもちろん、衣服や生活に必要な道具まで、何でも農場の中で生産できるようになっていたのである。一方で、土地をもたない人々は貧窮し、恥を忍びつつ、裕福な農家へ物乞いに行かなければならなかった。彼らが歩いた道こそが、施し物の通った小道なのだった。

イタリア語では《マーゾ》と呼ばれる、典型的なチロルの農場の形態も、ジークフリードの説明を聞き、実際に中を見せてもらうと、それまで何となく見過ごしてきたのがもったいなく思えるくらいだった。大きな農家の庭に、まるで双子のように大きさも外見もそっくりの家が、少し離れて二軒建っているのをよく見かける。これが、片方は台所や寝室をもつ生活の場で、もう片方は畜舎と納屋だということは、外から見ただけでも想像できた。けれども、築二百年、というマーゾの、巨大な筒型の薪ストーブが片隅に置かれた食堂兼居間に自分の足を踏み入れ、すり減った木の床のきしむ音を聞いたとき、私の頭の中ではじめて、チロルの農民の生活が現実のかたちをとった。三世代、あるいは四世代が同じ屋根の下で暮らすのが当たり前の農家では、冬の夜、家族全員がその居間に集まり、思い思いに時間を過ごすのだという。ストーブのわきに、テレビとコンピュータがとってつけたようなかっこうで鎮座していた。

森の中では、ジークフリードに高山植物の名前をたくさん教えてもらった。モミとカラマツの区別がつくようになったのも、彼のおかげだ。木々の枝から、まるで着物の袖のように垂れ下がる地衣類もめずらしかった。地衣類が繁殖するのは、空気がきれいな証拠だという。私にはみごとな緑のレースに思えたけれども、安奈は、木が今にも歩き出そうとする大男に見える、と言って私の腕をつかんだ。時折り、キッツキがカーン、カーンと木をつつく音が響いた。キツツキはこうしてまず木の幹に穴を空け、それからめぼしい松ぼっくりをくちばしでくわえ、その穴に突っ込んでは種を落とし、それを食べるのだという。これも、私と安奈には目から鱗が落ちるような話だった。歴史都市の観光ガイドとは違って、こういう場所のガイドになるには森林生態学なんかも勉強しないとね、とジークフリードは片目をつぶった。

特別州であるトレンティーノ・アルト・アディジェ州が、いかに自然の保護や農民の生活援助に力を入れているか、ということにも感心させられた。森の中の、まさに校倉造《あぜくらづく》りの干草用倉庫や、家畜が逃げないように巡らせる木の柵ばかりか、窓辺に飾る花に対してさえ、州都ボルツァーノから奨励金が出ているという。若者が都会へ流出してしまわないように、結婚を予定したカップルの新居建設に対する、手厚い援助制度もあるらしい。そして当然のことながら、きわめて閉鎖的な社会である。カジエス谷の二千人ほどの住民のうち、チロル出身でない「よそ者」は数えるほどしかいないのだという。一年にたった二週間、それもいちばん快適な季節にこの地の客となり、ドイツ語も話せない私たちは、地元の人々にとってはよそ者中のよそ者にちがいない。夫と、子どもたちが巣立ったらここに隠遁《いんとん》するのも悪くないかも、などと言い合ったこともある。けれども、「スキーをはいて生まれてくる」ような彼らですら嘆かずにはいられない、長い冬の厳しさや不便さを考えたら、しょせん無理な話だろう。

ヴェネト州の平地に暮らす私たちにとって、このトレンティーノ・アルト・アディジェ州の山行きは、ほんの少しだけ「天国」に近づくことができる、一年に一度のご褒美のようなものなのだ。私たち家族の一年間の喜びや悲しみを、すべて受け止めてくれる、ふしぎな力をもったカジエスの谷。もはや私の「心のふるさと」とも呼べるカジエスの谷。私たちはやはりこれからも、今までどおり、ささやかにこの地と関わっていくだろう。そう思いながら、私は功労状のほこりを払った。

畑の向こうのヴェネツィア

ノアーレからヴェネツィアへ行くには、鉄道を利用するのがいちばんだ。これは、決して電車が「早い」とか「便利だ」という意味ではなく、電車以外の手段で行こうとすると、さらに時間がかかり、さらに面倒だ、というだけの話である。だから、通勤や通学でノアーレからヴェネツィアへ行く人は、電車に乗るしかない。本数が少なくて不便でも、しょっちゅう遅れても、車両が汚くても、運賃が毎年値上げされても、遠足の小学生で満員でも、まあ、仕方がないさ、という顔で、だれもが電車でヴェネツィアへ行く。

一年に何回もある、鉄道のストライキの日に、ヴェネツィアへ出勤するのはひと苦労だ。ストライキの時間帯に入る前の朝早い電車に乗って、ストライキが終わる夕方過ぎに帰ることにするか、それが無理なら、三十キロそこそこの道のりを、一時間もバスに揺られていく覚悟を決める。オレンジ色の路線バスは、沿線の小さな町々の中心街を抜け、田舎道を暴走したかと思うと、次から次へと停留所に止まっては乗客を拾っていく。車中で本など開こうものなら、たちまち気分が悪くなってしまう。バスの時間も合わない場合は、車で本土《テッラ・フェルマ》側のメストレまで行き、高い駐車場料金を払って車を預け、そこからバスでヴェネツィアのローマ広場まで行く。同じ日にバス会社のストライキも重なったら、休講にせざるをえない。もっとも、バスを運行する「ヴェネツィア県公共交通機関法人」はヴェネツィアの水上交通も担っており、この会社がストライキをおこなうと、ほとんどの学生が大学へ行く手段を失ってしまう。閑散とした大学のキャンパスを闊歩《かっぽ》しているのは、ヴェネツィア本島に住んでいて、歩いて通学する学生たちだ。

ノアーレを通ってヴェネツィアへ向かう電車は、朝六時前の始発から夜十時ごろの終発まで、一日に二十数本ある。このうちの三本が、はるか北の山国の町、トレントから来ている。トレント発の電車に乗り合わせると、週末に帰省した自宅から下宿先のヴェネツィアへ戻るところらしく、一週間分の大荷物をもった学生や、独特の方言から明らかにヴェネト州出身でないことがわかる人々をよく見かける。たった一度だけ、私もノアーレからいつもとは反対方向の電車に乗って、トレントまで行ったことがある。しばらくすると、電車は登山列車のようにあえぎ始め、線路わきの木々が窓ガラスにおおいかぶさってきた。美しい湖のほとりの駅にも停車した。ふだん通勤に使っている電車で、片道三時間の小旅行が楽しめるとは、うれしい発見だった。トレント発でない、残りの電車は、食後酒のグラッパの醸造で知られるバッサーノ・デル・グラッパ発か、ジョルジョーネの生まれ故郷、カステルフランコ発である。

赤字続きのイタリアの鉄道は人件費の削除に努めており、ノアーレの駅でもここ数年、「近代化」が進みつつある。切符の自動販売機や列車ダイヤを示すスクリーンが設置され、電車の到着や遅れを知らせる構内放送が流されるようになった。しかし、自動券売機はしょっちゅう故障したり、おつりが出なかったりするので、利用する人はほとんどいない。一つしかない窓口には、よく発車ぎりぎりまで、切符を買う人の列ができている。頭上のスクリーンは、いつ見ても「調整中」である。イタリアに何年住んでも「日本人」の部分が消えない私は、どうもすっきりせず、首をかしげてしまう。

きわめつけは、電車の遅れを告げるアナウンスだ。「お客さまにお知らせします」で始まる、事務的な女性の声の放送を、今までにいったい何度聞かされたことだろう。日本のように、「ご迷惑をおかけしております」などとは決して言わない。どんな理由であれ、高飛車で冷淡な「業務上の都合により遅れます」で片づけてしまう。百五十キロも離れたトレントの山奥から来る電車なら、多少の遅れもいた仕方ないが、ここからたった二十キロのカステルフランコ発の電車がどうして、などと意気込んでみたところで、何の役にも立たない。こんなことには慣れっこの乗客は、放送が始まるやいなや、ああ、またか、という顔をし、肩をすくめたり、ため息をついたりする。そして、辛抱強く電車の到着を待つのだ。どうせ時間どおりには運行されないのだから、時刻表にも端数など載せずに、「八時ごろ」とか「九時から九時十五分の間」と書けばいいのに、などと私は頭の中で悪態をつく。遅れるのを見込んで、ゆっくり家を出ることもある。すると、そういう日に限って、電車は時間ぴったりに到着し、私は大あわてで駅前の並木道を走る羽目になる。

わが家から駅まで行くのに、私も夫も車を使うことにしている。歩いて歩けない距離ではないのだが、朝はいつも時間がないし、本や教材の入ったかばんはけっこう重い。それに、息子のダリオを小学校へ送って、そのまま電車に乗ることもあるので、やはり車が便利だ。ところが、駅周辺の駐車場や道は、八時台になるともういっぱいで、時にはかなり遠くに停めなければならない。おまけに、路上の車にわざと傷をつけておもしろがる、とんでもない不届き者がいて、私たちも一度ならず被害に遭った。

こんなふうに、ノアーレから鉄道でヴェネツィアへ向かうのは、決して楽なことではない。一日が始まる前からいやな思いをさせらせることもあるし、正確で清潔な日本の交通機関をなつかしく思うこともある。けれども、この国ではいちいち腹を立てていたら、きりがないし、精神衛生上、よくない。イタリア生活が長くなるにつれて、私も確実に、イタリア人の「あきらめの境地」に達しつつある。

ところで、私と夫は数年前から、同じ職場に、日をずらして出勤している。ベビーシッターを頼んでいたころは、同じ日にそろってヴェネツィアへ出ることもあった。しかし、下のダリオが幼稚園に上がり、夫婦だけでやりくりするようになってからは、それができなくなった。どちらかが家に残って、お昼に帰ってくる子どもの食事の世話をし、午後は宿題を見てやったり、習い事に連れて行ったりしなければならない。週に一、二回の学校給食は学年によって曜日が違い、姉弟の給食日はなかなか重なってくれないのだ。さらに、子どもたちが病気で欠席することも考えられるが、こんなときに頼れそうな親戚も、私たちには一人も近くにいない。そこで、同じ曜日に授業が入らないように、時間割を組んでもらうことにしたのだった。特別な用事でもないかぎり、私は週に二日、授業以外の雑用や会議も多い夫は週に三日、それぞれ違う日にヴェネツィアへ出る。そんな習慣がこのところ定着したので、夫婦でいっしょに電車に乗ることはまずない。

あれは、まだダリオが小学生になっていなかった、ある朝のことだ。その日、あまり体調のよくなかったダリオは幼稚園を欠席し、出勤する私を、めずらしく夫と駅まで見送りに来た。まだ電車を見て喜ぶ年ごろだった。

「お母さん、ダリオ、電車と競走するから、見ててね」

乗り込んで窓からホームを見ると、ダリオはかけっこの「用意」のかっこうをしている。発車のベルが鳴り、ヴェネツィア行きの電車はホームを滑り出した。ダリオも電車の横を一生懸命走っている。私は窓から手を振った。ホームの外れまで来て、さあ、もういいから、と思ったとき、それまでにこにこしていたダリオの顔が突然大きくゆがんだ。夫があわててダリオを抱き上げるのを見届けてから、私は座った。母親と別れるのが急に悲しくなってしまったのか、電車に負けたのがくやしかったのか、たぶんその両方だったにちがいない。幼い子どもに後ろ髪を引かれながら仕事に出るのは、想像していたよりずっとつらかった。しばらくすれば、ダリオがけろっと泣き止むことはわかっていたが、その日はとりわけ、私を運び去っていく電車が恨めしく思えた。

さて、ノアーレを出た電車は、次の停車駅、サルツァーノへ向かってのろのろと進んでいく。最近でこそ、二階建ての新式車両もお目見えしたものの、時間帯によっては、半世紀前に造られたようなおんぼろ車両を、たった二両つないだだけのこともある。それでもたいてい見つかる、空いた座席に腰を下ろして、車輪のきしむ音を聞きながら、私は家で終わらなかった授業の準備や宿題の添削をする。それをしなくて済むときは、いつの間にか物思いにふけっている。ささいな考えごとも、子どもたちの相手をしていると、家ではなかなかできない。自分だけと向き合える車内の小一時間は、実は私にとって貴重なひと時でもあるのだ。

あまりにぼんやりしているものだから、いつだったか、こんなこともあった。電車に乗るとすぐに読みかけの本を開いた私は、目では文字を追いながら、頭ではほかのことを考えていた。ふと顔を上げると、はす向かいの座席から、亡くなったはずの友人が私のほうを見ているではないか。「カテリーナ！」私は心臓が止まるほどびっくりした。まさか、と思ってもう一度よく見ると、それはカテリーナの弟のトニーノだった。ノアーレの郊外に住む彼は、メストレ駅が職場で、電車で通勤している。

「チャオ、カヤト。あんまり何か考えているようだったから、声をかけなかったんだ」

姉とそっくりの優しい目が、眼鏡の奥で笑っていた。

ノアーレの町外れの踏み切りを越えると、窓の外はあっという間に畑一色になる。ヴェネト州の、この平坦な田園風景を美しいと感じるようになるまで、イタリアで暮らし始めてからしばらく時間がかかった。それは、わが家の裏手に広がるのとまったく同じ眺めでもある。たいていはトウモロコシが栽培されているが、ダイズやコムギ、それにブドウの畑もたまにある。この畑の間を縫うように道路が走り、ぽつんぽつんと人家が建っている。農家かそうでないかは、庭を見ればすぐわかる。農家の庭先には、トラクターが停めてあったり、ニワトリが放し飼いにされていたり、納屋があったりするからだ。線路端に建つ、屋根の壊れかけた家畜小屋の中で、電車の騒音をものともせずに、豚の親子がのんびり昼寝をしているのを目撃したときは、思わず吹き出しそうになった。

赤ん坊が誕生したばかりの家は、男の子なら水色、女の子ならピンク色の大きな花リボンが、壁のいちばん目立つ場所に誇らしげに飾ってある。白いリボンが見えるのは、結婚式を挙げたばかりの若いカップルの家か、それとも結婚三十周年とか五十周年を迎えた夫婦の家だ。色とりどりの風船が庭の柵にぐるりと結びつけられていたら、その日に子どもの誕生日パーティーがあることを意味する。サッカーファンの住む家では、前日の試合にひいきのチームが勝ったことを、高々と掲げたチーム旗が示している。こうした生活臭のする光景が、単調な田舎の眺めに対する、ちょうどよいアクセントになっていることにも、私はこの電車に何年も乗っているうちに気づいた。

ノアーレの隣のサルツァーノという町は、年に一度のカボチャ祭りで知られる、ノアーレよりも小さな田舎町だ。駅のわきには、オランダ資本の梱包会社の工場がある。だだっ広いアスファルトの用地に青い大きなトラックが何台も停まっているのが、ひどく不釣り合いに見える。この駅の構内の線路端に、秋になると、コスモスにそっくりの黄色い花が咲き乱れるのを、私は毎年楽しみにしている。花の形や大きさだけでなく、葉までコスモスによく似ているのに、なぜか花の色は黄色だ。名前が知りたくて、何人かの知り合いに尋ねてみたけれども、だれも教えてくれなかった。図鑑で調べても、それらしい花は出ていなかった。

同じ駅の、黄色い花が咲くのとは反対側に、ごく最近までみごとなモミの木が六本あった。

クリスマスツリーに打ってつけだな、と思っていたが、だれもそんなことを考える人はいないらしく、十二月になっても裸のままだった。冬の夕方にヴェネツィアから帰宅するときなど、もう外は真っ暗なのに照明も乏しく、日本のように駅名のアナウンスもしないから、気をつけていないと降りる駅を間違えそうになる。そんな夜、窓の外に黒々とそびえ立つ、この六本のモミの木は、次がノアーレだということを知らせてくれる、貴重な目印でもあった。ところが、ある日、いつものようにサルツァーノ駅で窓の外を見やったとき、私はぎょっとしてわが目を疑った。モミの木が六本とも切り倒され、それもいくつかに切り分けられて、手足や首をもぎ取られた人形のように、無惨なすがたで転がっていたのだ。いったいどんないきさつがあって、あんなことをしたのか、ホームで旗を振る駅員を問い詰めてみたいくらいだった。

サルツァーノの次は、秋にクリ祭りがおこなわれる町、マエルネだ。なぜか電車は、この駅の手前で突然止まってしまい、十分たっても十五分たっても動き出さないことがよくある。もちろん、乗務員の説明などないし、乗客もたいして気に留めるようすもない。それまで電車の走る音に消されていた乗客の話し声が、にわかに聞こえ出す。ヴェネツィア大学の学生もおおぜい乗っているから、何やら聞かないほうがいいような話まで耳に入ってしまうこともある。そして、日本のように車内での使用がご法度《はっと》にはなっていない携帯電話のベルがあちこちで鳴り響く。イタリア人はおおむね声が大きいので、他人の私的な話をこと細かに聞かされるのにはまったく閉口である。電車の揺れに身を任せて、気持ちよさそうに眠りこける初老の婦人の、高いびきのほうがまだましだ。

このあたりから、窓の外の景色に変化が現われる。だんだん畑が減っていき、倉庫のような建物や大きな集合住宅も目につき始める。それでも、庭の片隅で野菜を作っている家が多いから、私は仕方なしに止まったままの電車の窓から、トマトの色づき加減やナスのでき具合を観察したりする。そして、腕時計に目を走らせ、ああ、これ以上遅れたら、また授業に差しつかえるなあ、とため息をつく。

そのうち、ようやく信号が青に変わったらしく、電車はまたゆっくり走り出す。マエルネの次は無人駅のアッセッジャーノだ。この駅を出てすぐ、左手の線路ぎわに小さな小学校がある。校舎は二階建ての白っぽいのがたった一つ、校庭はタンポポの咲く原っぱだ。電車の窓から、机の並んだ教室の中が丸見えで、私はつい、ここを通るのを心待ちにしてしまう。生徒たちの間を歩き回る、白いブラウスの女の先生も見える。黒板の字が読み取れないか、と目を凝らしてみたりする。この光景は、これから仕事に行く私の中の「親心」を呼び覚ますのだ。安奈とダリオは今ごろ学校で何をしているだろうか、しっかり勉強しているだろうか、宿題はちゃんとやっただろうか、忘れ物はなかっただろうか……。

それから数分で、電車はメストレの駅に近づいていく。窓から見えるのは一変して、ごみごみした、お世辞にもきれいとは言いがたい眺めになっている。ヴェネツィアにとって本土側でもっともつながりの深い、この町は、昔ヴェネツィア本島を捨てた人々が、まず最初に多く住みついた場所である。その後、およそ無計画に、何の秩序もないままふくらんでしまったのだ。電車は速度を落とし、ほかの何台もの電車とくつわを並べて、ホームに入る。本土から見ると、ヴェネツィア本島は、陸の終着点であるメストレの先で海に突き出した「おまけ」に過ぎない。共和国《ラ・セレニッシマ》時代のヴェネツィア本島が「海の玄関」だったなら、メストレは、イタリアの各都市はもちろん、ウィーンやパリからの特急電車《ユーロ・スター》も着く、れっきとした「陸の玄関」なのである。だから、私たちもノアーレから電車で遠くへ旅するときは、まずメストレまで出てから乗り換えなければならない。大きなメストレ駅に入った、ノアーレからの小編成で古ぼけた電車は、都会へ出た田舎の少年のように、少し気後れしながら停車している。ここで新しく乗り込んでくるのは、メストレを拠点にヴェネツィア見物をする観光客だ。それに混ざって、物乞いが客車に入ってくることがある。汚れた手を差し出して、座席の間を回る彼らを見ると、朝から憂鬱な気分になってしまう。

そして、私を乗せた電車は、いよいよヴェネツィアへ向かって海の上に滑り出していく。本土とヴェネツィア本島の間は、全長三キロ半の、巨大な橋で結ばれている。この橋の上を、線路と道路が平行線を描いて、駅やローマ広場のある、ヴェネツィア本島の西端まで続いているのだ。十九世紀の半ばにまず鉄道用の橋が開通し、二十世紀になってから、その横に人や車のための橋も建設され、「自由の橋《ポンテ・デイ・リベルタ》」と命名された。車道の横には、一段高くなった歩道がついていて、徒歩か自転車でも橋を渡ることもできるようになっている。街灯がともったこの橋を空から眺め下ろすと、息をのむほどに美しいことを、私は二十年近く前、夜の便で日本から戻ったときに知った。メストレの郊外にある空港に着陸する飛行機は、ヴェネツィアの上空にさしかかるころには、ぐっと高度を落としている。宝石箱を引っくり返したようなヴェネツィア本島以上に、この橋が黄色い光の列を暗い海に一直線に伸ばしたさまは絶景だ。大きくまたたく街灯の星の間を、車のライトが織りなす、無数の小さな流れ星が行き来するのが見たくて、私は夜にヴェネツィアに着く飛行機に乗るときは、窓際の席を頼むようにしている。

　ここまで来ると、電車はかならずまたのろのろ運転になり、隣のバスや車にすいすいと追い抜かれてしまう。私はふたたび腕時計に目を落とし、何度めかのため息をつく。戻した視線の右手には、マルゲーラの工業地帯が広がっている。石油タンクだろうか、円柱形の巨大な建造物や、灰色の無機的な工場がずらりと並び、突き出した煙突からいっせいに煙を吐いている。この光景はふと私に、イスタンブールの町並みを思い出させる。何年も前に、夫とはじめてイスタンブールへ行って、イスラム教のモスクを訪ね歩いた。背の低いモスクのわきから何本ものミナレットがにょきにょきと空へ伸びるさまに、イタリアやヨーロッパの教会建築を見慣れていた私は、新鮮な感動を覚えた。ちょうどそのミナレットまがいの、細長い煙突が林立するマルゲーラの工場群が、周りを水で囲まれていることも、ボスポラス海峡に臨むイスタンブールと似ている。こんな突拍子もない考えを、イスタンブールに眠る、かつてヴェネツィアを支配したビザンチン帝国の役人が聞いたら、きっと一笑に付すことだろう。

マルゲーラも過ぎた窓の外は、右を見ても左を見ても一面の水だ。天気がよい日なら、青緑の水がきらきらと光り、客車の中もぱっと明るくなる。左手のかなたにヴェネツィアの潟《ラグーナ》の島々が見え始めるあたりで、気の早い観光客は、窓から身を乗り出して、カメラのシャッターを切る。道のない海では、水路を示す木の杭が船にとって欠かせないが、それは共和国時代も今も変わらない。杭の列の途中に奉られた聖母マリアの像も、たぶん昔からずっとそこに立ち続けてきたのだろう。荷物を積み込んだモーターボートが、カモメを船べりにとまらせたまま、進んでいく。レガッタの日が近づくと、練習に余念のない漕手たちのすがたも見られる。左手の、線路から程近い位置に、小さな小さな無人島があって、子どもたちをヴェネツィアへ電車で連れて行くとき、私はかならず目を向ける。小さいながら、その島には木々が生い茂り、なかなか住み心地がよさそうなのだ。もっとも、岸辺に打ち上げられた清涼飲料のボトルのラベルがはっきり見えるほど線路に近いので、子どもたちに読み聞かせた漂流記のような生活などは望めそうにない。

十五年以上この電車に乗っていて、たった一度だけ、ヴェネツィアの海が凍ったのを見た。ヨーロッパじゅうを大寒波が襲った年のことだった。いつものように電車は遅れ、私は少しでも早く降りられるように席を離れて、出口のそばに立っていた。ドアのガラス越しにいつもの海が見えたとき、何かが違うことに気づいた。どんより曇った、真冬の鉛色の空の下の水が、ほとんど静止していたのだ。あまりの寒さに、風も凍りついてしまったのか、微動だにしない波頭をたたえた海は、止まった映写機がふたたび動き出すのをじっと待っているかのようだった。氷結した風景の中を、ヴェネツィア駅へ向かってゆっくり進んでいく電車の中は、さいわいなことにじゅうぶん温かかったけれども、私は思わずコートの襟を立て、首に巻いたマフラーに顔を埋めるようにして、到着を待った。

そして二〇〇三年のあの日も、海のようすは明らかにいつもと違っていた。電車がマルゲーラを過ぎたころ、窓の外に目をやった私は思わず目を見張った。ヴェネツィアの潟がこんなに猛り狂っているのもめずらしかった。私は電車を降りて、駅前の船着場からサン・ミケーレ島行きの水上バスに乗った。サン・ミケーレ島には、ヴェネツィアの墓地がある。というより、彼この島全体が墓地になっていて、教会の司祭や墓守以外に人はだれも住んでいない。いや、彼らだって、もしかしたらほかのところに家があって、夜は島で眠らないのかもしれない。水上バスはひどく揺れ、私が座った舳先《へさき》の船室の窓に、大波が何度もかかった。サン・ミケーレ島の船着場に降りると、風がうなりを立てて吹きつけてきた。教会の重い扉を押し開けたとき、弔いのミサはもう始まっていた。喪主である友人のロベルタの、サングラスをかけた横顔が見える位置から、私はミサを聞いた。夫に病気で死なれた彼女が、毅然として最前列に立つさまが、私の胸をえぐった。

私より四つ若いロベルタは、ヴェネツィア大学で教鞭をとる、日本映画の研究者だ。そして、まだ幼い二人の娘の母親でもある。私が日本語を教え始めたころ、彼女は大島渚の『愛のコリーダ』について卒論を書いていて、ふとしたことから親しくなった。南のプーリア州出身で、ショートカットのよく似合う、さばさばした女学生だった。やはり南から来ていた同級生のリータとリド島に借りていたアパートに、私は何度か遊びに行った。六月のある日、リータ、それにイギリス人の母親と近所に住んでいた、共通の友人のフランチェスカも連れ立って、海岸へ散歩に行った。その日はその年ではじめて海に入れるほどの陽気だったから、私たちは皆水着の用意をしていた。ところが、さっそく裸足になって波打ち際まで行ってみると、水は思いのほか冷たくて、私とリータとフランチェスカは悲鳴を上げた。ところがロベルタは、とりあえず砂浜で日光浴を始めた私たち三人を「意気地なし！」とののしったかと思うと、服を脱ぎ捨て、一人でさっさと海に入っていった。彼女にとっては、故郷の海もリド島の海も同じだった。「海のそばじゃないと絶対住めないの」と私に言ったことがあるくらい、海が好きだった。

そんなロベルタが、自分よりかなり年上の、リド島生まれのディーノと付き合い始めたのは、たしかまだ卒業前のことだったったと思う。ディーノは金髪碧眼のなかなかの美男子で、こぼれるような笑顔が印象的だった。ロベルタは高校生のとき、母親を亡くしている。そのせいか、料理が上手で、特に彼女の作る《パンツェロッティ》は評判だった。これは、トマトやモッツァレッラチーズを小麦粉の皮でくるんで揚げた、大型ラヴィオリで、プーリア州の代表的な料理である。ある晩、ロベルタはちょうど故郷から遊びに来ていた父親と弟をもてなそうと、友人たちを何人も招いて、「プーリア料理の夕べ」を開いた。もちろん、ディーノもいた。というより、そのころ、ディーノはロベルタの家に寝泊まりしていたのだが、父親と弟の滞在中とあって、自宅に戻っていた。ロベルタの父親は南の人らしく、昔気質《かたぎ》だったから、私たちは彼の前では、ディーノが「ロベルタの単なる友人の一人」であるふりをすることになっていた。結婚前の娘が男性と同棲していることを知ったらたいへんだから、というのがその理由だった。ましてや娘の卒論を読んだら、と考えると、私はおかしくてたまらなかった。さいわいなことに、ロベルタの父親は、快活なディーノが大いに気に入ったようだった。その晩、ディーノはふた言めには相手かまわず、覚えたての「ハイ、ソウデスネ」をくり返し、私を笑わせた。そして、ディーノがフランチェスカのイギリス人の母親から、英語風に「ダイノォ」と呼ばれている、という話に皆で大爆笑したころには、夜もかなり更けていた。

ロベルタとヴェネツィアで会うときは、カプチーノの代わりに、ヴェネト州特産の発泡性の白ワイン、《プロセッコ》をよく飲んだ。リアルト橋の近くのワインバーで、オリーブや油漬けの乾燥トマトをつまみに、私たちは乾杯した。せまいバーには、昼間から顔を赤くした男たちがおおぜいいて、私はちょっと気恥ずかしかったが、ロベルタはまったく気に留めなかった。今では私もしょっちゅう飲むようになった、このプロセッコをはじめて教えてくれたのは、ロベルタだった。

私が結婚してヴェネツィアを離れてからも、付き合いは細々と続いた。一度、ロベルタとディーノがノアーレに遊びに来たとき、私は大量のぎょうざを作ったことがある。

「これは私のパンツェロッティへのお返しね」

と笑うロベルタの隣で、ディーノは

「ぼくは西洋のラヴィオリも東洋のラヴィオリも同じぐらい好きだな」

と言いながら、皮から作った、不ぞろいなぎょうざを次から次へと平らげてくれた。数年後、彼らも結婚し、やがて女の子が生まれると、ディーノは目の中へ入れても痛くないほど、小さい娘をかわいがった。二人めも女の子で、ディーノはますます目を細くした。あちこちの映画祭に引っ張りだこで忙しいロベルタに代わって、自分は職を転々としながら、うれしそうに娘たちの面倒を見るようすは本当にほほえましかった。ロベルタに負けず劣らず海が好きだったディーノは、モーターボートの操縦ができた。休日に子どもたちを連れてヴェネツィア近海の島巡りに行こうよ、と元気だったときには何度か私たちを誘ってくれた。ところが、きっとそのうち、と延ばし延ばしにしているうちに、ディーノは逝ってしまったのだ。

ミサは長かった。信者ではなかったはずのディーノに対する、司祭の言葉は、広い教会の中で心なしかそらぞらしく響いた。ようやく司祭が祭壇を下り、柩《ひつぎ》が運び出されようとしたとき、一人の小柄な女性がいきなり前へ踊り出た。そして、よく通る声で話し出した。

「皆さん、聞いてください。ディーノは、生きることに喜びを感じていました……。ある日の夕暮れどき、私たちは舟の上にいました。ロベルタやディーノの親しい友人たちもいっしょに、島巡りに行った帰りでした。ディーノは夕焼けが赤く染めた海を背に、完璧だ、と言いながらプロセッコの栓を抜きました……。ディーノは愛していたのです、海を、そして生きることを。皆さんも、今日はディーノのためにプロセッコを開けてください。ディーノは、太陽のようにすばらしい人でした」

最後は話すというより、胸の奥からしぼり出したような叫びに変わっていた。女性は一気にこれだけ言うと、ディーノの母親らしい、年配の婦人に抱きついた。教会を埋めつくしていた弔問客の間から、すすり泣きがもれた。この女性がディーノの妹であることを、私はあとで知った。帰りの電車の中で、海がこんなに荒れているのは、生きる喜びを奪われたディーノのやるせない怒りのせいだろうか、と思った。私の記憶の中のディーノは、いつも白い歯を見せて、本当に「太陽のように」、明るく笑っている。

畑を越え、町を抜け、海の上の橋を渡った電車が、今日もヴェネツィア駅のホームに入っていく。二十世紀の半ばに建造されたヴェネツィアの駅は、何の変哲もない、平べったい建物で、正式には「ヴェネツィア・サンタ・ルチア駅」という。ヴェネツィアの守護聖人は聖マルコなのに、なぜ「サン・マルコ駅」ではないのだろうか。飛行場が「マルコ・ポーロ国際空港」で、まぎらわしいからかもしれない。ノアーレからの電車は、たいてい「十八番線」や「二十番線」といった、駅の外れに停まるから、電車を降りてから駅の外へ出るまで、かなりの距離がある。いつも観光客でごった返した、切符売り場や案内所のあるホールを通り抜けると、大運河《カナル・グランデ》が見えてくる。

朝のヴェネツィアは活気があっていい。さあ、今日も仕事だ。授業では学生たちに音読みと訓読みの話をして、宿題の作文を返して、聴解問題の続きをやらせよう。授業の合い間に、同僚と試験のことを相談しよう。そうだ、味噌を切らしかけていたっけ。中国人が経営する食料品店にも寄らなければ……。それから、また電車に乗って帰ろう。私は頭の中で一日の計画を整理して、ヴェネツィアの町に足を踏み出す。海の上の栄光のヴェネツィア、シモーナと暮らしたヴェネツィア、夫や大切な友人たちに出会ったヴェネツィア、畑の向こうのヴェネツィア。この町はこれからもきっと、舞台になってくれるだろう。一日が終わったら、越えてきたトウモロコシ畑にまた会える、そんな何でもない幸せが続くことを願う、私の人生の舞台に。

移りゆく時のなかで――あとがきに代えて

私がイタリアに暮らし始めてから、早くも二十年になろうとしている。初めの五年ぐらいは何もかもがばら色に見えていた。新しい土地の空気を吸い込むのに無我夢中で、自分を見つめている余裕はまるでなかった。身の回りで起こる、一つ一つのできごとについて、立ち止まって考えている暇もなかった。そして、ここに至るまでの自分の人生をじっくり顧みることもしなかった。

むしょうに何か書きたいと思うようになったのは、そのばら色の生活に少し手垢がつき始めたころのことだった。日々の暮らしの中で何かに心を動かされるたびに、小さな出会いや別れを経験するたびに、そして自分の過去を振り返ってみるたびに、これを言葉で表わしておきたいという思いが、私を突き上げた。だから、面識のあった白水社の編集者の方から、「何かイタリアのことを書いてみませんか」というお話があったとき、私は一も二もなく飛びついた。もともと文章を書くことが好きなほうだったし、何か書けそうな題材はいくらでも転がっているような気がしたのだ。ところが、いざ書き始めてみると、それがとんだ誤算であったことを、私はじきに思い知った。大学の授業がない日に、子どもたちが学校へ行っているすきに、家事の合い間に、と考えても、なかなか思うように時間がとれない。筆は遅々として進まず、何度もやっぱり私には無理なのではないか、あきらめようかと迷った。それでも、書くことは私にとって大きな楽しみだった。楽しかったから、何とかこうして一冊の本にまとめることができたのだと思う。

何年もかけて、少しずつ心の中で温めては文字にしていったものを読み返してみると、さまざまな思いが頭をかけめぐる。とりわけ、今はもう亡き人たちのことがあらためてしのばれて、ふと部屋の窓から外を見やった私の目に、わが家の裏手の景色が映る。今日のそれは、ここに住むようになってからずっと見慣れてきた、季節ごとに違った顔を見せてくれるトウモロコシ畑ではない。そして、手入れの行き届いたパスクワリーノの菜園も、もうない。

パスクワリーノは以前から心臓が少し悪かった。私が洗濯物を干しに南側のテラスへ出ると、きまって金網の向こうで何やら作業に打ち込んでいるパスクワリーノのすがたが、数日続けて見られないことが何度かあった。そんなときはたいてい、二、三日めの夕方ごろ、太った老妻か息子らしき中年の男が代わりに水やりに現われ、私は彼らから、パスクワリーノが夜中に発作を起こして病院に運ばれたことや、医者にしばらく安静を命じられていることを聞き出した。

けれども、大事な作物の間に雑草が長く伸びてしまう前に、パスクワリーノはかならず戻ってきた。戻ったらまず、草引きの仕事が彼を待っていた。テラスから見下ろす、かがんだパスクワリーノの背中が、留守を重ねるたびに小さくなっていたことに、私は気づかなかった。

あるとき、いつものように数日ぶりに菜園にすがたを見せたパスクワリーノに、もうだいじょうぶなのですか、と私が尋ねると、

「平気、平気。今度はこれをつけてもらったから」

とにっこり片目をつぶった。スコップを持ち替えて指差した胸には、ペースメーカーが挿入されていた。その彼の背後に広がる農地に、去年の三月は土起こしのトラクターが現われなかった。菜園の隅に植えられたモモがみごとな花をつけ、やがて春風に花びらが舞い、若葉が枝を埋めつくしても、トラクターはとうとう来なかった。この家に住んで十年、それははじめてのことだった。私はテラスへ出るたびに、いや、家の中にいても、今にもあの鈍いエンジン音が聞こえて来るような気がして落ち着かなかった。

「どうして今年はこんなに遅いのでしょう？　よその畑ではもうとっくに土起こしが終わっているのに」

ここ数年、ノアーレでは新興住宅街の建設がさかんなので、もしかしたら、ついにここにも何か建ってしまうのでは、と私は気が気でなかった。

「いやあ、今年は休耕するんだとさ。それでちゃんと県から助成金が下りるんだから、楽なもんさね」

私の心配をよそに、パスクワリーノがいとも簡単にこう答えたから、私はほっと胸をなで下ろし、はるかな地平線に目をやった。もっと遠くの農地ではとうに種まきも済んで、櫛《くし》ですいた髪のように整った土の上を、数羽の白い鳥が飛び交っていた。わが家の裏手の畑だけが、季節から置き去りにされていた。

「奥《シニョーラ》さん、その洗濯ばさみ、おいしいかね?」

と出し抜けに下から声をかけられて、私はびくっとした。初夏になり、パスクワリーノの菜園にはナスやズッキーニやトマトやキュウリが、成長期の子どものようにすくすくと育っていた。テラスの外側に取りつけた物干し台に洗濯物を吊るすとき、両手がふさがってしまうと、私は洗濯ばさみを口にくわえるくせがある。一つめの洗濯ばさみは手にもったまま、干す衣類やリネンのかたちを整えて、片端を留めることができる。けれども、次に必要になる二つめも手にもっていたのではやりにくい。うっかりすると下に落としてしまう。それを口にくわえていれば、素早く反対側も留めることができる。あまり人に見せられたかっこうではないけれど、とても便利なのだ。その朝も、下にはだれもいないと思っていたのに、開け放った箱型のビニールハウスのかげからパスクワリーノがひょっこり現われた。ごちそうをつまみ食いしている

ところを見つかったような、ばつの悪さを隠すため、

「ええ、とっても。パスクワリーノも一ついかがですか？」

と私は答えて、干す手を止めた。日よけ帽の下で、一年じゅう日焼けした彼の顔が、ちょっといたずらっぽい瞳で笑っていたが、心なしか表情に精気がなかった。そして、彼の菜園と地続きの農地もまた、精気を欠いていた。例年なら若いトウモロコシの苗たちがそろってぐんぐん伸びていく季節なのに、無精ひげを生やした浮浪者のような、荒れ果てた裏手の景色に、私は春からずっとなじめないままだった。


夏休みが来て、サッカーやバスケットの大好きな息子は、毎日外でボール遊びに興じていた。ある日、いくつももっているボールがとうとう一つ残らず、金網の向こうへ行ってしまった。

「お母さん、パスクワリーノね、もうぜんぜんボール拾ってくれないんだよ」


ほっぺたをふくらませた息子にそう報告されるまで、私はパスクワリーノの不在をあまり気にかけていなかった。ふだんから、パスクワリーノが野良仕事をする時間に、かならず私も外に出るとはかぎらなかったし、何日も続けてあいさつを交わさないこともよくあった。しかし、そうとわかって菜園を観察してみると、たしかに前ほど念入りに手入れがされていないようすだった。それでも水だけは、ときどき家族が思い出したようにやりに来たので、私は今回は少し長く入院することになったと知った。そしてパスクワリーノの長男とおぼしき人が、今年の

親父の畑はスイカよりボールのほうがよく採れるみたいだ、などとぶつぶつ言いながら、息子のボールを、一つ一つ、こちらへ投げ返してくれた。

パスクワリーノが二度と帰らぬ人になってしまったのは、夏休みが終わるころだった。肉体労働できたえた、強靭な体つきの彼の命を奪ったのは、持病の心臓病ではなく、入院中に見つかって、あっという間に進行した肺ガンだった。享年七十八歳だった。中年の二人の息子たちのうち、一人は離婚し、もう一人は事業に失敗して莫大な借金を負ったような話を聞いたことがある。年金生活に入っても絶えない気苦労を、パスクワリーノは野良仕事でまぎらわせていたのだろう。毎日あんなに根を詰めずに、背後の農地のようにたまには骨休めをしていたら、もっと長生きできたかもしれない。病床では最期まで、手塩にかけた菜園のことを気にしていたという。

九月の末、殺風景な裏の休耕地に秋風が渡り始めたころ、パスクワリーノの妻が草刈りに来たのを、私は台所の窓から見かけた。これまたよく太った、幼い孫娘を連れていた。伸び放題になった雑草と、穫り入れられずに放置された作物とがからみ合って、それはもう「菜園」と呼ぶにはあまりにも乱雑で見苦しいものだった。熟したトマトがごろごろと、地面に落ちたまま腐りかけていた。パスクワリーノの妻は、何やら話しかける孫の声が耳に入らないかのように、一心不乱に長い園丁ばさみを動かしていた。丸々と肥えた体を大儀そうに折り曲げたまま、一度も顔を上げなかったから、私は声をかけそびれてしまった。きっとこの瞬間にも、ありし日の夫のことを考えているにちがいない彼女の邪魔をしたくない思いもあった。初秋とはいえ、夕暮れ前の太陽の下ではまだじゅうぶん汗が出そうな日で、彼女の息づかいは次第にせわしくなった。そのぜいぜいいう喘ぎ声の合い間に、「チョキッ」「チョキッ」と規則正しく響くはさみの音を聞きながら、私は心の中でパスクワリーノにお別れをした。

それからしばらくして、菜園はパスクワリーノの遺族たちの手で、きれいさっぱり取り払われてしまった。グリーンピースのつるを巻きつかせたり、トマトが重い実をつけたときの支えに使っていた、木や鉄の細い棒、それにどこから調達したのか、数個の貯水用のドラム缶だけが、今も残されたままになっていて、かろうじてここにかつてパスクワリーノの菜園があったことを思い出させてくれる。そして今でも私は、洗濯ばさみを口にくわえるたびに、はっとしてついパスクワリーノのすがたを眼下に探してしまう。

一時はかなり親しい付き合いのあったジョヴァンナとベッペも、もうここの住人ではない。三年ほど前にあっさり別居を決め、家を売り払って、それぞれノアーレの外へ引っ越していった。ファビオは高校に入り直して、無事卒業し、トリエステの大学に通うために自立した。マッテオとジョヴァンニは母親のもとに引き取られたが、週末はかならず父親のところで過ごす。

時が移るということは、こんなふうに情け容赦のないことなのだとつくづく思う。

娘と息子も、「ノアーレの四季」や「もう一つの母国語」を書いたころに比べたら、成長がいちじるしい。安奈はいつのまにか身体が私より大きくなり、とうにサンタクロースがいないことを知った。今では弟のプレゼントの準備を手伝ってくれる。実はダリオもうすうす勘づいているのだが、確信がつかめないらしい。というより、どうもまだサンタクロースがいることにしておいたほうが都合がよいとでも考えているふしさえある。「抜けた歯とアリのお金」に関しても同様だ。イタリアでは、乳歯が永久歯に抜け替わるとき、抜けた歯をアリのために出しておくと、アリがお礼にお金をくれることになっている。

「アリって力持ちで、お金持ちなんだね。前は一ユーロだったのに、今度は二ユーロもって来てくれた」

と真顔で納得しながら、大事そうに小銭を自分の財布にしまうダリオを見ていると、まだしばらくはこのままでいいかなと思う。

思春期真っ盛りの安奈のほうは、もうこんな子どもだましはいっさい効かない。山といえば川、右といえば左、私にも夫にもさかんに口答えをする。「自分でもわからないけど、自然にポンポン出ちゃう」そうである。

朝食のテーブルで私があくびをして、昨晩はつい遅くまで本を読んでしまったから、と言い

訳でもしようものなら、

「お母さん、そういうの、日本語で自業自得っていうんでしょ」

と、ぴしゃりとやられてしまう。かと思えば、手のひらを返したように、

「お母さんがあたしと同い年だったら、いちばんの親友になってたのに、残念だなあ」

などと言う。何はともあれ、イタリアに暮らしながら、わが子たちとこうして日本語で対話ができるのは幸運なことだと思っている。


安奈とダリオを含めて、私にこの文章を書くきっかけを与えてくれた人たちには、感謝の気持ちでいっぱいである。思いがけず、装丁を担当してくれた弟のデザイナー、仙北谷虔司にも心から「ありがとう」と言いたい。そして、何年もの間、適切な助言を与えながら、私のはじめての本作りを辛抱強く支えてくださった白水社の芝山さんには、どうお礼を申し上げたらいいかわからないぐらい、厚く感謝している。

二〇〇六年春　ノアーレにて

仙北谷茅戸

装丁　仙北谷虔司

著者略歴
仙北谷茅戸（せんぼくや・かやと）
1961年神奈川県生まれ
1985年慶應義塾大学文学部仏文科卒業
1986年ヴェネツィア大学留学
1988年よりヴェネツィア大学で日本語を教える
主要訳書
『続ルネサンス画人伝』（共訳、白水社）
『ヴェネツィア史』（文庫クセジュ，白水社）

畑の向こうのヴェネツィア

2006年6月5日印刷
2006年6月25日発行

著　者 © 仙北谷茅戸
発行者　川村雅之
印刷所　株式会社三秀舎

発行所　株式会社 白水社
101-0052東京都千代田区神田小川町3の24
電話 03-3291-7811（営業部），7821（編集部）
http://www.hakusuisha.co.jp
乱丁・落丁本は、送料小社負担にてお取り替えいたします。

振替 00190-5-33228
松岳社（株）青木製本所

ISBN4-560-02788-9
Printed in Japan

ミラノ 霧の風景

須賀敦子［著］

記憶の中のミラノには、いまもあの霧が静かに流れている——。イタリアで暮らした遠い日々を追想し、人、町、文学とのふれあいと、言葉にならぬため息をつづる追憶のエッセイ。

【白水Uブックス】定価914円（本体870円）

カルメンの白いスカーフ

歌姫シミオナートとの40年

武谷なおみ［著］

二十世紀のオペラ界でカラスと並ぶプリマドンナ、ジュリエッタ・シミオナート。小学生の時にその歌声をテレビで聴いて虜になった著者が、歌姫の波乱の人生と、これまでの長い交流を描く。

定価1995円（本体1900円）

重版にあたり価格が変更になることがありますので，ご了承下さい．　(2006年6月現在)